COMPÉTENCES DE RÉGULATION ÉMOTIONNELLE POUR LES ADOLESCENTS

30+ACTIVITÉS POUR VAINCRE VOS PENSÉES NÉGATIVES, GÉRER VOS ÉMOTIONS ET VOS COMPORTEMENTS AGRESSIFS. AMÉLIORER LES CAPACITÉS D'ADAPTATION GRÂCE À LA THÉRAPIE COGNITIVO-COMPORTEMENTALE ET À LA THÉRAPIE COMPORTEMENTALE DIALECTIQUE.

PAR

MARY J.

Serene Publications

À propos de l'auteur

Mary J. est une éminente thérapeute dialectique et cognitivo-comportementale et spécialiste de la santé mentale. Ses travaux mettent l'accent sur l'utilisation de la THÉRAPIE COMPORTEMENTALE DIALECTIQUE et des techniques de TCC pour aider les gens. Elle comprend parfaitement que les adolescents peuvent contrôler leurs émotions et travailler pour maintenir leur bien-être à long terme. Elle a écrit plusieurs livres pour adolescents. "Compétences de régulation émotionnelle pour les adolescents" est l'un de ses meilleurs livres pour adolescents.

TABLE DES MATIÈRES

Introduction

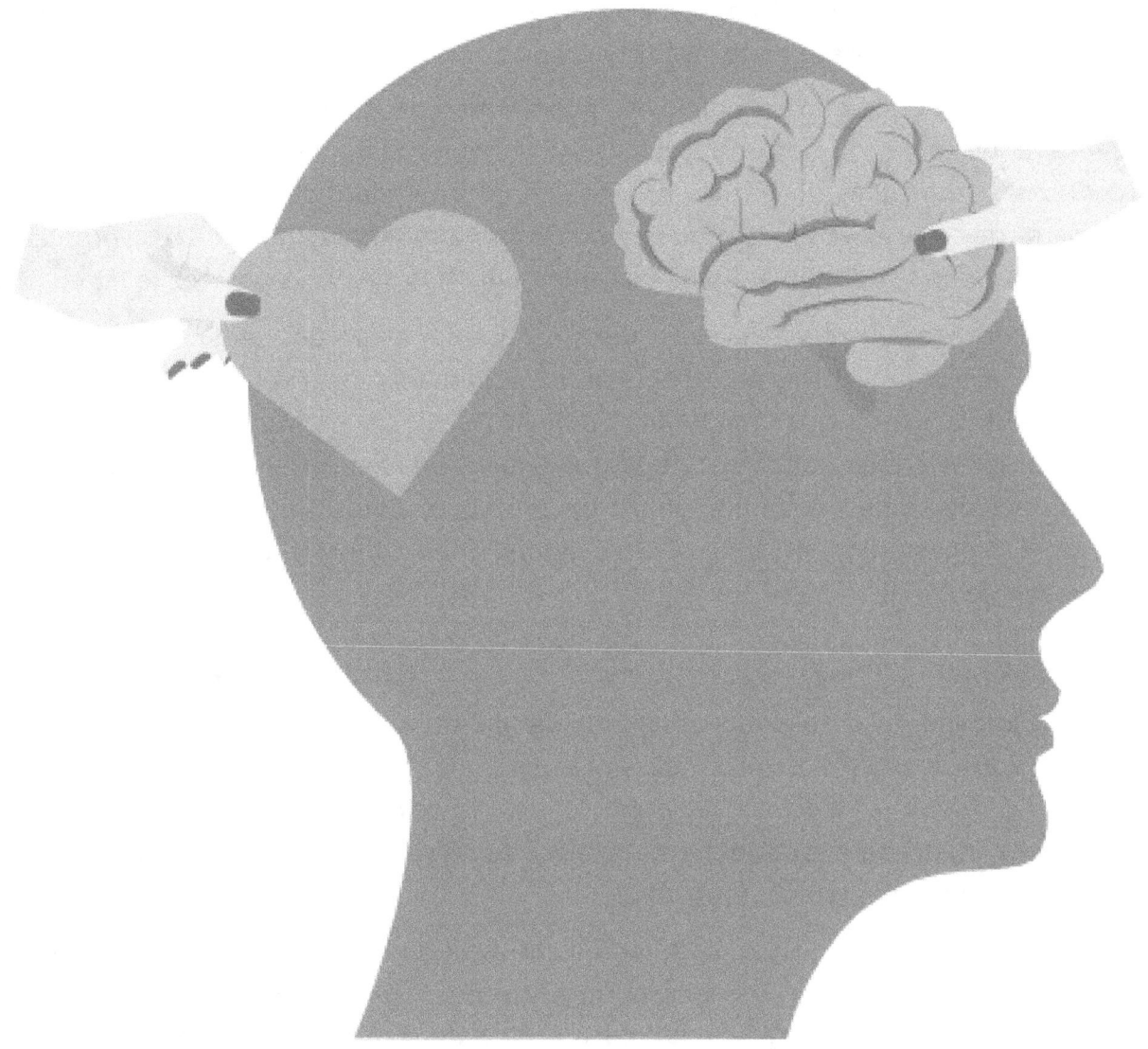

Peut-être vous êtes-vous senti très déprimé ces derniers temps, vous vous êtes mis en colère facilement ou vous avez réalisé que vous vous sentiez nerveux ces derniers temps. L'objectif principal de ce livre est de vous apprendre à contrôler vos émotions à l'adolescence afin que vous ne les laissiez pas diriger leurs actions et faire des erreurs que vous regretterez plus tard. L'adolescence est difficile.

Nous éprouvons tous des émotions; elles sont une composante vitale de notre existence. Apprendre à contrôler vos émotions, c'est devenir plus conscient de ce que vous ressentez et décider quoi en faire afin de ne pas vous blesser ou blesser les autres. Cela implique d'apprendre à accepter vos sentiments plutôt que d'essayer de les supprimer, surtout lorsqu'ils sont désagréables.

Réfléchissez à la façon dont vous gérez maintenant vos émotions. Vous permettez-vous de les ressentir? Vous en prenez-vous souvent à ceux que vous aimez lorsque vous êtes à l'agonie et que vous ne savez pas comment vous sentir mieux? Ou peut-être essayez-vous de masquer vos émotions et d'empêcher les autres de réaliser à quel point vous êtes blessé à l'intérieur en utilisant l'humour.

Toutes les méthodes que vous employez pour tenter de supprimer vos émotions ou apprendre à gérer ce que vous ressentez sont sans aucun doute inefficaces. Vous apprendrez les techniques dont vous avez besoin pour réguler vos émotions de manière saine à partir de ce livre. Vous remarquerez que vous vous sentirez mieux dans votre peau et que vos relations se dérouleront plus facilement une fois que vous pourrez le faire.

Lorsque vous prenez votre vie en main, vous serez en mesure de mener une existence plus saine et plus heureuse. Dr. Marsha Linehan a développé la thérapie comportementale dialectique (THÉRAPIE COMPORTEMENTALE DIALECTIQUE) en 1993. Elle a créé cette thérapie pour aider ceux qui avaient beaucoup de mal à réguler leurs émotions. Les personnes ayant ce genre de problème émotionnel finissent souvent par se blesser physiquement, ou à tout le moins, elles adoptent des comportements qui aggravent leur vie.

Vous apprendrez les techniques de TCC et de THÉRAPIE COMPORTEMENTALE DIALECTIQUE dans ce livre pour vous aider à mener une vie plus saine et moins stressante. Vous acquerrez des connaissances cruciales sur vos émotions, ce qui vous permettra de mieux les gérer et de stimuler les émotions positives dans votre vie. Votre capacité à faire face au stress vous permettra d'éviter d'aggraver les choses et de forger de meilleurs liens avec les autres.

Tout le monde connaît l'idée que l'inspiration inspire l'action. L'inverse est vrai si vous êtes déprimé: la motivation vient de l'action. Ou pour le dire autrement, la motivation et l'action vont de pair comme la nourriture et la faim. Vous mangez parce que vous avez faim. Vous restez en vie en mangeant, et un jour vous aurez de nouveau faim. Quand quelqu'un est malade et n'a pas envie de manger, il est souvent invité à manger de toute façon parce que la nourriture l'aiderait à retrouver ses forces. Vous devez commencer le cycle de la motivation en agissant même lorsque vous n'en avez pas envie afin de vous sentir motivé. Bonne chance!

CHAPITRE 1

COMPRENDRE LES ÉMOTIONS

Dans ce chapitre, vous découvrirez des choses cruciales sur les émotions telles que ce que sont les émotions, comment elles affectent notre comportement et pourquoi la régulation émotionnelle est importante pour vous en tant qu'adolescent. Vous pourriez découvrir que les difficultés que vous avez à gérer vos émotions sont simplement le résultat de la façon dont vous vous êtes lié à elles.

1.1 Que sont les émotions?

Appeler une émotion, un sentiment n'est pas tout à fait correct même si ressentir ce que vous ressentez fait sans aucun doute partie d'une émotion. En d'autres termes, une émotion implique non seulement ce que vous ressentez, mais aussi des réactions physiques (changements dans la chimie corporelle et le langage corporel), des pensées et des comportements (y compris des souvenirs, des images et des pulsions). Par exemple, vous ne vous sentez pas simplement nerveux; vous expérimentez aussi d'autres choses.

Vous éprouvez des pensées anxieuses et négatives (Et si je ne peux pas le faire?) et l'envie d'agir; avec l'anxiété, cette envie est souvent de fuir pour échapper à une situation ou pour l'éviter en premier lieu. Votre langage corporel, y compris votre expression faciale, change.

Certaines personnes manquent souvent de conscience de leurs émotions et semblent être dans un « brouillard émotionnel ». Essayez-vous de bloquer vos sentiments et d'arrêter d'y penser? Cela conduit souvent à une dysrégulation émotionnelle, en partie parce que les gens ont plus de difficulté à contrôler leurs émotions et leurs sentiments lorsqu'ils ne peuvent pas leur donner un nom ou un titre. La prochaine étape consiste à apprendre à identifier nos émotions.

Émotions humaines de base

Comprendre les émotions humaines vous aidera à améliorer votre capacité à les nommer au fil du temps, ou alternativement, vous deviendrez plus sûr que vous pouvez déjà le faire.

Colère

La colère est une émotion, tandis que l'agression est un comportement que certaines personnes éprouvent presque toujours. Si cela vous décrit, vous remarquerez que vous vous mettez en colère chaque fois que quelque chose de bouleversant émotionnel se produit. Par conséquent, il est crucial de considérer quelles sont ces circonstances qui suscitent la colère. Voici quelques exemples:

- Quand quelqu'un vous manque de respect. Quand il y a une menace.

- Lorsque vous ne parvenez pas à atteindre un objectif important.

- Lorsque vous sentez que vous avez été traité injustement.

L'adrénaline monte en réponse à la colère. C'est une composante de la réaction de combat ou de fuite de votre corps, qui vous prépare à vous échapper. En conséquence, vous pouvez avoir une augmentation de la respiration et de la fréquence cardiaque lorsque vous êtes en colère. Vous vous sentez chaud, vos muscles se tendent, votre respiration devient superficielle et vous commencez à trembler.

Voici quelques phrases pour caractériser diverses formes de rage:

- Agressif
- Agacé
- Amer
- Ennuyé
- Insatisfait
- Furieux
- Exaspéré
- Frustré
- Furieux
- Hostile
- Irrité
- Rancunier

Peur

La réaction de combat ou de fuite que suscite la colère est également provoquée par la peur, mais la peur est un peu plus nuancée car elle peut également provoquer une réponse glaciale qui vous fait vous sentir presque immobilisé. Vos muscles se contractent et votre respiration devient superficielle. La peur peut aussi vous faire sentir mal à l'aise ou étourdi, nauséeux et mal à l'aise dans votre poitrine.

Il peut être difficile d'identifier quelle émotion vous ressentez, car la colère et la peur provoquent la même réaction de combat ou de fuite.

Voici quelques scénarios où il serait raisonnable de ressentir de la peur:

- Lorsque quelque chose ou quelqu'un représente une menace pour vous, par exemple lorsqu'un chien errant s'approche de vous.
- Lorsqu'un être cher est blessé ou menacé.

- Lorsque vous craignez de perdre quelqu'un ou quelque chose d'important pour vous. Voici quelques phrases pour caractériser diverses formes de peur:
- Effrayé
- Alarmé
- Inquiet
- Déconcerté
- Éperdu
- Affligé
- Troublé
- Frénétique
- Nerveux
- Accablé
- Paniqué
- Effrayé
- Stressé
- Temps
- Terrifié
- Inquiet

Tristesse

À quoi ressemble la tristesse physiquement? Tu veux pleurer. Il est également typique de se sentir épuisé ou épuisé, d'avoir moins d'énergie que d'habitude ou de se sentir somnolent. Vous pourriez découvrir que vous n'aimez plus les choses que vous aimiez faire et que vous vous sentez vide à l'intérieur.

Les désirs qui accompagnent la tristesse impliquent souvent de se retirer des gens et de s'isoler.

Les causes de la tristesse sont nombreuses. Voici plusieurs scénarios où vous pourriez éprouver de la tristesse:

- Lorsque vous perdez un être cher, que ce soit par la mort ou la rupture d'une relation.
- Lorsque vous ne parvenez pas à atteindre un objectif important (comme décrocher l'emploi de vos rêves ou être accepté à l'école de vos rêves)
- Quand un proche de vous est déprimé ou blessé.

Voici quelques phrases pour caractériser diverses formes de tristesse:

- Déprimé
- Désespéré
- Découragé
- Découragé
- Affligé
- Morne
- Désespéré
- Sombre
- Deuil
- Navré
- Désespéré
- Bas
- Misérable
- Triste
- Troublé
- Malheureux

Culpabilité ou honte

Examinons d'abord la distinction entre culpabilité et honte. Lorsque vous admettez que vous avez fait quelque chose de mal, vous éprouvez de la culpabilité. La honte, d'autre part, se développe lorsque vous croyez que tout ce que vous avez fait était mal de votre part et que votre comportement ne reflète pas bien sur vous en tant que personne. Lorsque vous agissez d'une manière qui va à l'encontre de vos principes et de vos idéaux, vous vous condamnez pour cela et vous vous sentez horrible à propos de ce que vous avez fait.

Voici quelques exemples où il serait approprié d'éprouver de la culpabilité ou de la honte:

- Lorsque vous adoptez un comportement contraire à votre éthique et à vos principes, comme mentir ou utiliser une feuille de triche pour un examen.

- Lorsque vous recevez des critiques en public.

- Lorsque vous vous souvenez ou que vous vous souvenez d'un acte immoral que vous avez commis auparavant.

- Lorsque vous faites quelque chose, vous croyez que c'est bon pour un effort de groupe et obtenez des commentaires indiquant que vous n'auriez pas dû le faire.

Voici quelques phrases pour décrire diverses formes de remords ou de honte:

- Apologétique
- Honteux
- Blâmé
- Dégradé
- Disgracié
- Embarrassé
- Coupable
- Humilié
- Mortifié
- Regrettable
- Repentant
- Repentant
- Minauder
- Dégoûté de lui-même
- Pardon

Amour

Vous ressentez probablement plus de bonnes émotions dans l'ensemble lorsque vous êtes dans une relation amoureuse. Vous éprouvez une jouissance accrue de la vie, de l'excitation chez soi (ou animal), de la sécurité, de la détente et du calme.

Dans les circonstances suivantes, l'amour va probablement entrer en jeu:

- Lorsque vous tombez amoureux de quelqu'un parce que vous êtes émotionnellement et physiquement attiré par lui.
- Quand vous êtes témoin de leur fierté quand vous réussissez à quoi que ce soit.

Voici quelques phrases pour caractériser diverses formes d'amour:

- Accepté
- Adorer
- Affectueux
- Attraction
- Affectueux
- Chérir
- Relié
- Désireux
- Dévoué
- Affection
- Épris
- Frappé d'amour

Bonheur

Lorsque vous êtes joyeux, vous voulez sourire et répandre votre joie aux autres. Les impulsions qui accompagnent le bonheur varient en fonction de ce dont vous êtes heureux. Par exemple, vous voudrez peut-être embrasser quelqu'un que vous êtes heureux de voir, ou si vous venez d'apprendre quelque chose d'excitant, vous voudrez peut-être téléphoner aux personnes qui vous sont chères pour leur faire savoir. Ceux qui sont plus heureux ont tendance à être plus sociaux et actifs.

Mais quand il s'agit de bonheur, nous avons souvent des attentes irrationnelles. Les individus pensent souvent qu'ils « devraient » être heureux et se demandent souvent pourquoi ils ne le sont pas. Selon mes observations, la majorité des gens ne passent pas leur vie dans un état de bonheur. Nous pouvons nous sentir à l'aise avec notre vie, satisfaits ou en paix, mais je ne crois pas que les sentiments de bonheur restent très longtemps.

Voici quelques phrases pour caractériser diverses formes de bonheur:

- Amusé
- Contenu
- Ravi
- Extatique
- Transporté de joie
- Heureux

- Joyeux

- Tranquille

- Content

- Fier

- Détendu

- Soulagé

- Satisfait

- Serein

J'espère que vous avez complètement saisi les émotions humaines fondamentales. Allons de l'avant.

1.2 Comment les émotions affectent-elles le comportement?

Lorsque nous éprouvons une émotion, nous avons des pensées spécifiques et nous agissons en fonction de cette émotion. Les gens confondent souvent les pensées et les actes avec les émotions réelles à la suite de cela.

Modifier ses émotions modifiera ses pensées et ses comportements, modifier ses pensées modifiera ses comportements et ses émotions, et modifier ses comportements modifiera ses émotions et ses pensées. Il est très simple de mélanger ces trois secteurs parce qu'ils sont si étroitement liés.

Il est crucial d'apprendre à garder vos émotions distinctes de vos comportements et de vos pensées. Votre tâche consiste maintenant à faire la distinction entre ce que vous ressentez (n'oubliez pas de vous référer à la liste des émotions si nécessaire) et ce que vous pensez, ainsi que la façon dont vous vous comportez (pas ce que vous aviez envie de faire ou ce que vous vouliez faire, mais les actions que vous avez réellement prises).

Il fait sombre lorsque vous rentrez seul chez vous depuis la maison de votre ami lorsque vous entendez une perturbation. Vous pourriez avoir une expérience similaire à celle-ci:

- Oh mon Dieu, qu'est-ce que c'était? (pensée).

- Pendant que vous scannez la zone pour juger des circonstances (comportement).

- Vous remarquez que des étrangers vous suivent. « J'ai un suiveur. Et si je suis attaqué par eux? » (pensée).

- Vous ressentez la peur (émotion).

- Jamais je ne pourrai les repousser. Il n'y a personne à proximité pour m'aider (pensée).

- Votre niveau de terreur augmente (émotion).

- Vous ressentez le désir de fuir la situation, alors vous réfléchissez à vos options (pensée).

- Vous retournez chez votre ami en vous retournant et en revenant comme vous êtes venu (comportement).

Voyons maintenant comment la modification d'une seule partie de votre expérience pourrait modifier ce scénario.

Il fait sombre alors que vous rentrez seul chez vous lorsque vous entendez une perturbation.

« Qu'est-ce que c'était? » est ce que vous pensez initialement. (pensée).

- Vous scannez la zone pour juger des circonstances (comportement).

- Vous remarquez que des étrangers vous suivent. Ils ne semblent pas reconnaissables (pensée).

- Vous êtes intrigué (émotion).

- Vous continuez à les regarder (comportement).

Notant qu'il y a trois adolescentes dans le groupe (pensée).

- Vous réfléchissez à ce que vous devriez faire (pensée).

- Vous êtes un peu inquiet pour eux parce qu'il devient sombre dehors (émotion).

- Vous approcher et demander si ils exiger assistance naviguant (comportement).

Ainsi, en utilisant le scénario initial identique comme point de départ, voici deux résultats complètement différents.

1.3 L'importance de la régulation émotionnelle

Nous continuerons ensuite à travailler sur la modification de la façon dont vous voyez vos émotions en examinant le but qu'elles servent. Ou, pour le dire autrement, que font-ils? Certes, malgré les circonstances désagréables et à quel point vous pourriez vouloir jeter vos émotions par la fenêtre, elles remplissent une fonction, et nous en avons besoin. Ce n'est qu'alors que nous pourrons les réglementer. Il y a quelques explications à la raison pour laquelle nous ressentons des émotions.

- La première est que vos émotions vous inspirent à agir ou vous obligent à faire quelque chose. Considérez l'intimidation comme une illustration. Lorsque les élèves sont témoins de comportements d'intimidation, ils peuvent être inspirés à agir et à protester d'une manière ou d'une autre. La peur peut aussi inspirer l'action. Votre réaction de combat ou de fuite vous prépare à vous tenir debout et à vous battre ou à fuir la situation lorsque votre cerveau détecte quelque chose qui pourrait être une menace pour vous. Dans tous les cas, l'émotion sert d'inspiration et vous inspire à agir d'une manière ou d'une autre.

- Les émotions peuvent également vous informer d'un scénario que vous souhaitez modifier afin de le rendre plus conforme à vos exigences ou à vos envies. Encore une fois, dans ce cas, votre colère peut vous avoir fait réaliser qu'il y a quelque chose dans la situation qui est injuste ou que vous n'aimez pas pour une autre raison; alternativement, votre culpabilité vous fait réaliser que vous agissez d'une manière incompatible avec vos principes et vos croyances.

- La fonction finale des émotions est d'améliorer votre capacité à communiquer avec les autres. D'autres autour de vous peuvent souvent déduire ce que vous ressentez en se basant uniquement sur votre expression faciale et votre comportement. C'est parce que les émotions sont liées à des expressions faciales et à un langage corporel distincts, ce qui nous permet de les reconnaître facilement en nous-mêmes et chez les autres. Ils seront en mesure d'estimer ce que vous ressentez très correctement si vous commencez à pleurer ou à serrer la mâchoire et à rougir votre visage.

Bien que vos émotions aient une fonction, il est crucial de comprendre qu'elles sont faillibles et ne doivent pas être considérées comme des faits. Vous devez évaluer quelque chose avant de l'accepter simplement à cause de ce que vous ressentez. Lorsque vous essayez un nouveau plat, vous vous méfiez souvent à ce sujet et testez pour vérifier si votre odorat est exact, car ce n'est pas parce que quelque chose sent bon que cela signifie nécessairement qu'il a bon goût.

Il est crucial de garder à l'esprit que même si vos émotions ont une fonction, elles ne le font pas toujours bien. Changer votre rapport à vos émotions est l'un de nos objectifs ici. Ils vous ont sans aucun doute causé beaucoup de problèmes jusqu'à présent, car ils peuvent être effrayants et douloureux, et ils peuvent avoir beaucoup d'effets défavorables lorsque vous surfez sur les montagnes russes émotionnelles.

Par conséquent, considérez les émotions comme un autre sens. Vos émotions ne sont qu'un autre sentiment comme la vue que vous devez vous aider à apprendre et à prendre des décisions. Comment se porte votre vision? Sans elle, la vie serait difficile. Ainsi, faites de votre mieux pour ne pas juger vos émotions et les considérez plutôt comme un autre sens qui vous donne des informations.

Pour mettre toutes les connaissances que vous avez acquises, nous allons maintenant faire quelques activités. Vous pouvez vous assurer que vous avez une base solide sur laquelle vous développer au fur et à mesure que vous progressez dans ce livre.

1.4 Coin des activités

C'est à votre tour de faire une partie amusante et d'apprendre.

Activité 1: Que font vos émotions?

Vous avez appris quel genre d'émotions avons-nous et comment nos émotions servent un but. Après avoir lu l'histoire ci-dessous, répondez aux questions.

Le père d'Anne s'était récemment remarié et ses parents avaient divorcé quand elle avait douze ans. Sa nouvelle femme critiquait fréquemment Anne et semblait essayer d'agir comme la mère d'Anne, ce qu'Anne n'appréciait pas. Anne a rendu visite à son père pour le voir après l'école. Elle était satisfaite d'elle-même pour sa note en arithmétique parce que c'était une matière qu'elle avait toujours trouvée difficile. Avant que son père ne puisse voir le bulletin scolaire d'Anne, sa nouvelle épouse y a jeté un coup d'œil et a averti la fille que ses B étaient inacceptables et qu'elle devrait travailler beaucoup plus.

Marquez le sentiment qui résume le mieux ce qu'Anne pourrait ressentir.

Colère   Tristesse   Anxiété   Culpabilité

Quelle fonction cette émotion pourrait-elle remplir?

_____

_____

_____

Quelle action Anne pourrait-elle entreprendre à la suite de ce sentiment?

_____

_____

_____

Pouvez-vous penser à un moment où vous avez eu chacun de ces sentiments? Passez un peu de temps à réfléchir au but qu'il a servi et aux choses que vous avez accomplies en conséquence, puis partagez vos réflexions dans le domaine fourni:

Quand j 'étais en colère:

_____

_____

_____

La fonction de cette émotion est:

_____

_____

_____

Ce que j'ai fait qui a été bénéfique:

_____

_____

_____

_____

_____

Identifier le triangle

Vous comprenez maintenant comment vos émotions, vos pensées et vos actions sont liées. Mettez ces connaissances à profit immédiatement. La phrase qui résume le mieux chacun d'eux dans chaque déclaration doit être écrite devant elle.

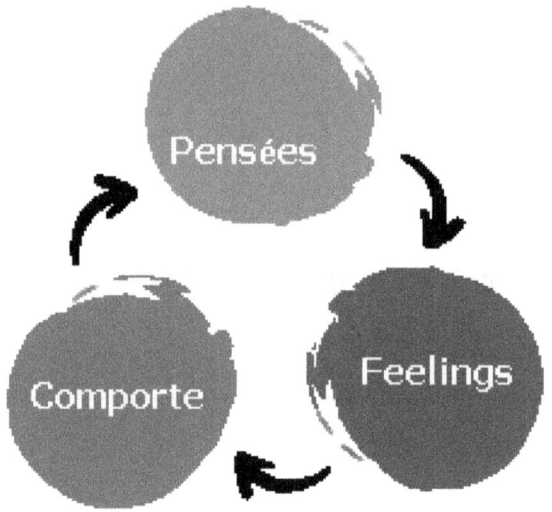

Je déteste l'école.

_____

J'ai peur de passer mes examens la semaine suivante.

_____

Je termine mes devoirs.

_____

Mes parents et moi nous disputons.

_____

Jamais je ne serai dans une relation.

_____

Je regrette d'avoir manqué le concert.

Mon nouveau chien est incroyable.

Ma sœur a refusé ma demande de jouer avec elle, ce qui me rend triste.

Vous ne pourrez peut-être pas distinguer ce triangle tout de suite. La majorité des gens ne sont pas habitués à avoir besoin de penser de cette façon, alors ne vous inquiétez pas si vous avez du mal avec certains d'entre eux.

Mais vous devez vous concentrer sur cela car cela vous aidera à avoir plus de contrôle sur eux.

Activité 3: L'acceptation vous libère

Accepter que des événements douloureux se sont produits ou se produisent maintenant dans nos vies peut être difficile. Par conséquent, nous choisissons de combattre la réalité plutôt que de l'accepter. Mais, lorsque nous rejetons ces réalités, il ne fait aucun doute que la réalité des événements reste inchangée. Éviter la réalité n'améliore pas les choses; Au contraire, cela ne fait que nous faire sentir pire.

Vous devez accepter la réalité et agir de manière appropriée plutôt que d'y résister et d'essayer de la transformer en quelque chose qu'elle n'est pas.

Rappelez-vous l'une des circonstances que vous trouvez encore difficile à accepter.

Que pourriez-vous vous dire pour vous rendre plus réceptif à cette circonstance?

_____

_____

_____

_____

_____

_____

_____

CHAPITRE 2

QUE SONT LES PENSÉES NÉGATIVES?

Comprenons les pensées négatives maintenant que vous savez ce que sont les émotions et comment elles affectent votre comportement. Votre cerveau tient compte de tous les facteurs, pas seulement des menaces potentielles. De plus, votre cœur est entendu. Vous êtes conscient au fond de vous que la vie ne se limite pas à survivre. Vos aspirations pour l'avenir et votre mode de vie idéal sont ancrés dans votre cœur.

Le principe fondamental de ce livre est de vous aider à avoir une meilleure chance de reprendre le contrôle de votre vie en devenant plus habile à distinguer ce qui est réel de ce qui ne l'est pas. Dans ce chapitre, vous apprendrez à identifier vos pensées négatives et leurs origines. Vous apprendrez comment vous devenez conscient de la façon dont ces pensées nourrissent votre esprit anxieux.

2.1 Le régime alimentaire d'un esprit anxieux

Voyons ce que votre esprit anxieux mange.

Les suppositions sauvages de l'esprit anxieux d'Oliver

Oliver, qui avait quinze ans, adorait le cyclisme. Il est allé chez son ami et a profité au maximum de son temps. Un jour, alors qu'il rentrait chez lui après avoir fait du vélo avec son ami, le chien sans laisse d'un parc a commencé à le poursuivre. Oliver n'a pas entendu le chien s'approcher puisqu'il écoutait de la musique avec des écouteurs. Il a été éjecté de son cycle lorsque le chien l'a poursuivi et l'a rattrapé. Le propriétaire du chien est rapidement sorti et a retiré le chien tout en s'excusant abondamment. Bien qu'Oliver n'ait pas été mordu, il avait l'impression qu'il aurait pu l'être. Alors qu'il rentrait chez lui blessé et secoué, il a assuré au propriétaire du chien qu'il allait bien.

Le lendemain, Oliver faisait du vélo. Il a vu une voisine promener son gros chien et se diriger droit vers lui. Semblable à ce qu'il avait ressenti la veille, il remarqua que son cœur commençait à battre rapidement et qu'il éprouvait de la terreur. Il est retourné chez lui et s'est senti beaucoup plus calme dès qu'il est entré.

Oliver est resté calme en évitant les chiens, mais cela ne l'a pas rendu moins effrayé par eux. Il lui suffisait de penser au vélo pour devenir mal à l'aise avec les chiens. L'évitement exacerbait son anxiété et l'empêchait de s'adonner à des activités qu'il aimait.

Votre croyance que votre action a empêché quelque chose d'horrible de se produire est la raison pour laquelle votre anxiété s'aggrave. Oliver a été soulagé et a remarqué qu'il était à l'intérieur de sa maison et que le chien ne l'avait pas mordu.

Vous vous demandez peut-être pourquoi il continuerait à penser ainsi. Vous arrive-t-il de faire une pause ou de réfléchir plus attentivement à quelque chose avant de sonner l'alarme et de paniquer? Non. Le seul but de votre esprit anxieux est de vous garder en sécurité. En outre, votre esprit devient hyperactif et réactif au danger si vous souffrez d'anxiété. Il n'est pas en mesure de faire la distinction entre les menaces imaginaires et réelles. Ses idées effrayantes ne sont que des conjectures sauvages, pas des concepts bien raisonnés.

Vous acceptez essentiellement que le scénario était dangereux lorsque vous l'avez évité par anxiété. Vous apprenez à votre esprit à lire les choses de la même manière, à babiller de la même manière et à donner l'alarme la prochaine fois.

Vous ne réalisez peut-être pas que ce que vous faites est une tactique d'évitement. Vous cherchez une solution à un problème en y réfléchissant à plusieurs reprises dans votre tête pour arrêter de vous sentir nerveux. Vous essayez de vous empêcher de ressentir l'anxiété causée par le problème.

L'esprit d'Oliver a fait des suppositions sauvages, il est donc crucial de comprendre le régime alimentaire de votre esprit anxieux.

L'épice de la surestimation

Lors de l'évaluation du risque, votre esprit anxieux commet continuellement deux erreurs: il surestime la probabilité que quelque chose de négatif se produise et il sous-estime la probabilité que quelque chose de bon se produise. Cela sous-estime votre capacité à gérer des situations difficiles. Cette double erreur interprète les circonstances sûres comme dangereuses, déclenchant de fausses alarmes et la réaction de combat ou de fuite de votre corps.

Le pire saut

L'erreur la plus courante est de catastropher ou de sauter au pire des scénarios. L'esprit anxieux imagine constamment le pire des scénarios, comme dans un film d'horreur. Voici quelques illustrations des pires sauts:

- Vous ne levez pas la main en classe pour répondre à une question. Si vous faites cela de manière incorrecte, une rumeur sur votre stupidité se répandra parmi les étudiants.
- Votre poitrine se contracte. Avez-vous une crise cardiaque?
- Vous avez besoin d'aide pour un test. Si vous échouez, vous ne serez pas admis à l'université et cela apparaîtra sur votre relevé de notes.

Demandez à votre esprit anxieux: « Qu'est-ce qui risque de se passer? »

Le sel de la négativité

Chaque événement auquel nous sommes confrontés a à la fois des composantes positives et négatives, mais parce que l'esprit anxieux est constamment à la recherche de menaces, il ignore complètement les aspects positifs de nos expériences et ajoute le sel de la négativité. C'est ce que nous voulons dire lorsque nous dévaluons le bien. Par exemple, vous recevez un livre de poche en anglais avec des remarques encourageantes. Mais vous vous concentrez sur un domaine qui pourrait être immédiatement amélioré. Vous pensez que vous êtes un écrivain sans espoir!

La soupe de la lecture de l'esprit

Votre esprit anxieux fait des suppositions sur ce que les autres pensent de vous.

- Vous avez une coiffure fraîche lorsque vous vous déplacez dans le couloir. Tout le monde regarde tes cheveux!
- Vous dînez seul dans une sandwicherie. Vous ne semblez pas avoir de copains.
- Demandez-vous: « Quelles preuves ai-je que les gens pensent à vous? » si vous croyez que vous pouvez lire dans les pensées.

Une recette parfaite

Vous pensez que vous devez constamment fournir des performances irréprochables. Rien de moins n'est acceptable et vous exposera à des risques et à des critiques. L'esprit anxieux est d'accord. Il veut une recette parfaite. Considérez ceci: « Est-ce que j'ai des attentes plus élevées envers moi-même? »

Passons à quelques activités pour saisir ce que nous avons appris dans ce chapitre.

2.2 Coin des activités

Voici la partie amusante et intéressante.

Activité 4: Identifiez votre esprit anxieux

Pour contrôler votre esprit anxieux, il est d'abord essentiel de l'identifier.

Vérifiez les options qui s'appliquent à vous.

- Vous éprouvez de l'inquiétude lorsque vous êtes séparé de vos proches.
- Vous devenez soudainement effrayé lorsque vous êtes dans un véhicule, un avion, un pont ou un espace confiné.
- Vous ruminez fréquemment vos paroles ou actions suivantes avant de vous engager dans des interactions sociales.
- Vous éprouvez soudainement des sentiments étranges ou distants ou un faux sens de la réalité.
- Vous ressentez de l'anxiété, de la nervosité ou de l'inquiétude en présence des autres, dans les lieux publics, dans les transports en commun ou lorsque vous êtes loin de chez vous.
- Vous vous inquiétez souvent d'événements défavorables comme des accidents, des tragédies dans votre famille ou des maladies.

- Vous vérifiez tout pour vous assurer que rien de négatif ne se produit. Certains animaux ou insectes vous rendent anxieux.
- Vous avez besoin d'aide pour parler en classe.
- Vous craignez qu'une attaque de panique vous fasse perdre le contrôle, mourir, devenir fou ou vivre d'autres événements défavorables.
- Vous craignez d'avoir des attaques de panique, d'éprouver des sensations corporelles désagréables ou d'éprouver une anxiété accablante lorsque vous êtes dans un endroit bondé, en voyage solo ou loin de chez vous.
- Vous vous inquiétez de recevoir de mauvaises notes ou d'avoir des ennuis à l'école. Les tempêtes, les hauteurs ou l'eau vous rendent-ils nerveux?
  - Dans un événement inattendu, vous ressentez parfois des symptômes tels que le cœur qui bat, la transpiration, la difficulté à respirer, des étourdissements ou des tremblements.
  - Vous restez près des sorties lorsque vous utilisez le transport en commun ou dans des endroits comme les écoles et les cinémas.
  - Vous vous sentez souvent serré et agité ou avez du mal à vous détendre ou à vous endormir. Vous avez peur ou des étourdissements lorsque vous voyez du sang ou des aiguilles.
  - Vous trouvez incroyablement gênant d'initier ou de rejoindre une conversation.
  - Vous évitez d'être dans des circonstances où vous pouvez vous sentir emprisonné, chanté un passager de voiture ou dans une file.
  - Vous avez du mal à vous concentrer en raison de l'inquiétude et de l'anxiété.
  - Vous éprouvez de la détresse à cause de pensées religieuses ou sexuelles inadmissibles. Vous craignez de vous étouffer.
  - Vous vous abstenez de faire des appels sortants ou des SMS à quelqu'un que vous ne connaissez pas bien.
  - Vous vous inquiétez ou avez de l'anxiété à l'idée d'avoir d'autres attaques de panique. Vous avez souvent des maux de tête ou des maux d'estomac.
  - Vous devez dire quelque chose ou faire quelque chose plusieurs fois avant que cela ne semble approprié.
  - Vous éprouvez des pensées anxieuses qui vous donnent envie de vous blesser ou de blesser quelqu'un d'autre.

Passez en revue les déclarations que vous avez cochées. Votre probabilité d'éprouver de l'inquiétude et de l'anxiété augmente avec le nombre de coches que vous avez.

Activité 5: Repérez vos pensées négatives

Prenez vos pensées négatives. Pensez à une situation où vous vous sentez anxieux et répondez à la question suivante.

De quoi avez-vous peur?

_____

_____

_____

Quel serait le pire scénario si cela se produisait?

_____

_____

_____

Qu'est-ce que cela signifie pour vous, votre vie et vos perspectives?

_____

_____

_____

Activité 6: Défier vos pensées anxieuses

Vous souvenez-vous du pire saut dont nous avons parlé dans ce chapitre? Puits! Il est temps d'y faire face. Après avoir identifié et repéré vos pensées anxieuses et négatives, il est crucial de les remettre en question. En pensant à la même situation que vous avez imaginée dans l'activité précédente, défiez vos pensées anxieuses avec les questions suivantes.

Qu'est-ce qui est susceptible de se produire?

_____

_____

_____

Qu'est-ce qui s'est bien passé? Quelle était la bonne chose que j 'ai faite?

_____

_____

_____

Est-ce que je me tiens à des normes plus élevées que celles que je tiendrais pour les autres?

_____

_____

_____

Qu'est-ce que je perdrai en n'ayant aucun risque dans ma vie?

_____

_____

_____

Activité 7: Qu'évitez-vous?

Votre esprit anxieux veut vous donner une alimentation parfaite et vous tenir à l'écart des belles choses en vous demandant de les éviter. Il est temps d'être honnête avec vous-même et de faire face à votre esprit anxieux avec courage.

Que croyez-vous que votre peur vous empêche de faire? Quelles activités aimiez-vous autrefois, mais ne faisiez plus?

Qu'est-ce que tu évites?

_____

_____

_____

_____

_____

_____

_____

_____

_____

CHAPITRE 3

THÉRAPIE COGNITIVE-COMPORTEMENTALE COMPÉTENCES D'ADAPTATION POUR RECONNAÎTRE LES PENSÉES NÉGATIVES

Devenir un conducteur récemment licencié a rendu James incroyablement heureux. Une semaine après avoir obtenu son indépendance, un horrible accident s'est produit près de chez lui où un adolescent s'est écrasé et a tué une personne qui traversait la rue. La prochaine fois que James conduisait, il sentit une légère secousse sur le trottoir.

Il avait le sentiment qu'il venait peut-être d'écraser quelqu'un. Il savait que c'était absurde, mais il ne pouvait pas se débarrasser de l'inquiétude. Même s'il regardait dans son rétroviseur et ne voyait rien, il était toujours tendu. Son malaise n'a pas disparu jusqu'à ce qu'il retourne à l'endroit où il avait senti la bosse et réalisé que rien n'était là.

Si vous éprouvez des pensées comme James, alors la TCC peut vous aider.

La méthode de thérapie cognitivo-comportementale (TCC) largement utilisée et réussie peut être utilisée pour traiter et gérer divers problèmes de santé mentale. La TCC souligne que la relation entre les idées, les sentiments et les comportements d'une personne et leur apprend à identifier et à remettre en question les pensées ou croyances opposées qui pourraient les bouleverser. Ce chapitre examinera comment la TCC peut aider les gens à surmonter leurs croyances négatives.

En aidant les gens à reconnaître leurs pensées automatiques négatives – des réponses rapides et réflexives qui se produisent en réponse à des situations ou à des événements particuliers – la TCC combat la pensée négative. La TCC vous aidera à remettre en question ces pensées habituelles négatives et à les remplacer par des pensées plus raisonnables et équilibrées en utilisant une variété d'exercices et de stratégies.

3.1 Introduction à la thérapie cognitivo-comportementale

La thérapie cognitivo-comportementale (TCC) peut aider les individus à examiner les différents contextes dans lesquels ils se trouvent et à comprendre leurs idées, leurs sensations corporelles et leurs modèles comportementaux. La théorie est que nos comportements, nos pensées et nos sentiments peuvent tous interagir les uns avec les autres et soutenir le maintien d'émotions négatives comme la dépression et l'anxiété. Regardez l'illustration ci-dessous.

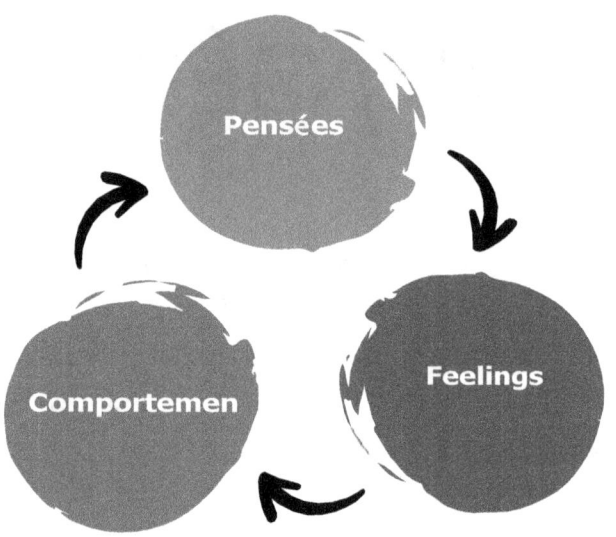

Selon la thérapie cognitivo-comportementale (TCC), la détresse émotionnelle d'un individu est souvent causée par la façon dont il interprète ou voit une situation plutôt que par la circonstance elle-même. La TCC implique d'apprendre à remettre en question les croyances nuisibles et à modifier les comportements inutiles.

Les pensées automatiques négatives sont fréquentes lorsque nous sommes déprimés ou stressés. Ces idées négatives nous traversent automatiquement l'esprit et ne sont pas bénéfiques. Bien que cela puisse atténuer temporairement leur inquiétude, cela peut la renforcer et la maintenir au fil du temps. Arrêter cette boucle peut initialement vous rendre plus anxieux, mais vous aidera finalement à vous sentir moins anxieux.

À titre d'illustration, pensez à Emily, qui devient anxieuse lorsqu'elle se rend au magasin. Elle se sent fiévreuse, son cœur bat la chamade et elle a du mal à respirer. Elle croit: « Je souffre d'une crise cardiaque », ce qui aggrave ses problèmes physiques. En conséquence, elle essaie de s'éloigner d'eux le plus rapidement possible.

Lorsqu'elle revit cette situation, Emily peut se sentir encore plus inquiète et renforcer ses idées négatives. Ses sentiments, ses symptômes et ses comportements sont tous affectés les uns par les autres.

Emily visitant un magasin:

Sa pensée: Je fais une crise cardiaque.

Son comportement: Évite les magasins ou refuse d'y entrer complètement. Son sentiment: Je me sens déprimée et anxieuse.

Les pensées négatives concernent la capacité d'une personne à faire face à la peur, ce qui peut tenir l'anxiété à distance. Les gens développent parfois des capacités d'adaptation qui leur permettent de gérer un problème. Cela peut impliquer d'éviter les circonstances ou d'agir différemment pour les aider à gérer leur peur.

3.2 Remettre en question vos pensées négatives

Votre anxiété et votre mauvaise humeur peuvent être contrôlées en apprenant à contrôler vos pensées négatives. Les adolescents ont souvent des pensées extrêmes ou irrationnelles lorsqu'ils sont déprimés ou anxieux. Ces pensées sont connues sous le nom de pensées automatiques négatives en thérapie cognitivo-comportementale.

C'est le genre d'idées qui mettraient n'importe qui mal à l'aise. Bien que certaines personnes reconnaissent que leurs idées négatives ne sont pas authentiques, cela peut être difficile pour les personnes anxieuses ou de mauvaise humeur. Par conséquent, ces personnes croient souvent que leurs pensées négatives sont vraies. Par conséquent, ce genre de pensée négative pourrait nous maintenir dans un état dépressif ou anxieux.

Comment la pensée critique peut-elle vous être bénéfique?

Le but de cette stratégie est d'examiner de manière raisonnable et équilibrée plutôt que de se concentrer uniquement sur les aspects positifs de celles-ci. Votre attitude et votre capacité à performer seront améliorées par des idées plus équilibrées, vous permettant de reprendre le plaisir de la vie.

Au début, vous devrez autoriser les procédures, mais avec de la pratique, vous serez en mesure d'utiliser cette stratégie tout au long d'un événement difficile pour vous remonter le moral à ce moment-là.

Comment fonctionne cette méthode

Nos pensées sont souvent façonnées par nos opinions et nos expériences plutôt que par la réalité objective. Lorsque nous sommes déprimés ou nerveux, nos pensées ont également une inclinaison négative. Cela peut nous amener à faire des hypothèses hâtives ou à imaginer le pire scénario sans données à l'appui.

Nous devons recueillir des informations tout en abordant les pensées négatives pour voir à quel point elles sont vraies. Parce qu'il n'y a pas de place pour le doute, les preuves factuelles sont beaucoup plus convaincantes que les opinions.

L'objectif est d'examiner la croyance qui génère le plus d'angoisse émotionnelle pour déterminer son degré de réalité. Nous formulons ensuite une idée alternative fraîche et fondée sur des preuves.

Qu'est-ce qui distingue une pensée d'une émotion?

Souvent, les pensées consistent en une phrase ou une affirmation sur quelque chose ou quelqu'un. Un seul mot qui résume ce que nous ressentons est une émotion.

Des pensées comme « Personne ne m'aime » en sont des exemples. « Les gens pensent que je suis stupide » « Si je suis en retard au travail, je perdrai mon emploi. »

Quelques exemples d'émotions sont la colère, le bonheur, l'anxiété et la dépression, comme discuté au chapitre 1.

À la recherche d'une pensée alternative ou fondée sur des données probantes

La restructuration cognitive se compose de trois étapes:

Première étape: Recueillir des pensées
Choisissez une circonstance qui vous a fait ressentir des émotions défavorables pour commencer.

Écrivez d'abord des détails sur la circonstance. Même si la circonstance n'a peut-être pas été la racine de vos pensées ou sentiments désagréables, noter les détails vous aidera.

Ensuite, essayez d'identifier la « pensée négative » dans les circonstances. La probabilité que ce concept entraîne une émotion négative est souvent considérée comme la plus élevée.

Parce que c'est souvent quelque chose que nous ne sommes pas habitués à faire, arrêter ces pensées peut être difficile. Vous devriez répéter cette première étape plusieurs fois en conséquence.

Se poser les types de questions suivants vous aidera à éclaircir votre esprit.

- Qui ou quoi étiez-vous? Comment vous êtes-vous justifié?
- Quelle a été la pire pensée qui vous a traversé l'esprit?

Se poser les types de questions suivants vous aidera à éclaircir votre esprit.

- Elles sont brèves et précises.
- Ils se produisent immédiatement après l'événement.
- Ils peuvent apparaître sous forme de texte ou d'images.
- À l'époque, ils semblent raisonnables.
- Elles ne résultent pas d'une réflexion sévère ou d'une progression logique des étapes.

Deuxième étape: localiser la preuve

Notez les arguments à l'appui et à l'encontre de ce qui se passe. Vous ne vous intéressez qu'aux faits, pas aux opinions. Imaginez-vous en tant qu'avocats de l'accusation et de la défense lors d'une audience au tribunal. Les deux parties présenteront des preuves pour découvrir la vérité.

Vous pourriez vous poser des questions telles que: « Si mon ami ou quelqu'un d'autre pensait de cette façon, que lui dirais-je? »

Comment verrais-je le scénario si je n'avais pas peur ou déprimé? Y a-t-il un autre angle pour examiner les circonstances?

Penser de manière critique est similaire à juger votre cas. L'accusé est votre pensée négative par défaut, telle que « Tout le monde me déteste ». Dans quelle mesure les preuves présentées à l'appui de cette affirmation sont-elles fiables et solides? Est-ce que la déclaration: « Tout le monde me déteste? Je le sais tout simplement », preuve suffisante?

Réfléchissez à toutes les preuves, puis utilisez une autre idée appuyée par les preuves pour arriver à votre conclusion.

Troisième étape: Recherche d'une pensée alternative ou fondée sur des données probantes

Enfin, vous devez formuler une nouvelle idée alternative en utilisant les faits recueillis au cours de la deuxième étape comme base. Au lieu d'essayer de penser positivement, c'est essayer de penser plus équitablement, en tenant compte des deux arguments.

Rédigez une déclaration résumant la « preuve pour » et une autre phrase résumant la « preuve contre » pour développer une pensée fondée sur des preuves.

Réévaluez vos sentiments initiaux à la lumière de votre pensée révisée (équilibrée). Le but de cette stratégie est de diminuer l'intensité de vos sentiments négatifs.

Vue d'ensemble de la méthode

Voici les étapes à suivre pour remettre en question vos pensées négatives:

1. Décrivez une circonstance dans laquelle vous avez eu un état émotionnel particulièrement désagréable (comme l'anxiété ou la dépression).
2. Nommez le sentiment (p. ex., déprimé, anxieux, faible, triste).
3. Indiquez à quel point l'émotion était forte.
4. Énumérez les pensées négatives qui occupaient vos pensées à ce moment-là.
5. Indiquez à quel point vous croyiez vraiment que ces pensées étaient vraies.
6. Trouvez votre « pensée négative ». La seule idée que nous contesterons est celle qui vous fait ressentir le plus de douleur émotionnelle.
7. Trouvez des données qui soutiennent votre croyance.
8. Trouvez des faits qui contredisent le point de vue.
9. Une fois que les preuves à l'appui et à la réfutation d'une idée ont été rassemblées, réévaluez votre position à la lumière des faits.
10. Combinez les données obtenues à l'étape 3 avec « et », « ou » et « mais ».
11. Faites une évaluation plus raisonnable.

Les activités ci-dessous vous aideront à comprendre les compétences en TCC et comment elles aident à la régulation émotionnelle.

3.3 Coin des activités

Voici la partie amusante et d'apprentissage.

Activité 8: Respirez votre anxiété

Imaginez puiser de la force dans la terre à chaque respiration, comme les racines de l'arbre. Chaque fois que vous expirez, vous abandonnez le contrôle de la situation, vous balancez avec le vent comme un arbre et acceptez tout ce qui se passe, y compris l'inquiétude possible que cela cause.

La peur peut être surmontée et adoucie en y respirant. Votre corps commence à respirer superficiellement en réponse à votre alarme mentale anxieuse, mais vous pouvez le changer avec vos respirations lentes et profondes.

Voici votre tour:

Imaginez-vous sur une plage calme ou un autre endroit relaxant jusqu'à ce que votre nervosité disparaisse. C'est échapper à la circonstance. Vous devez être présent pour atteindre votre objectif, comme pratiquer la pleine conscience et vivre pleinement chaque instant.

N'essayez pas de changer quoi que ce soit; Permettez à tout d'être comme il est.

Respirez dans toutes les zones de votre corps qui sont tendues. Faites-le pendant dix minutes, en accordant une grande attention aux expériences de votre corps.

Vous remarquerez que votre niveau d'anxiété est en train de changer. Prendre une respiration réduira votre résistance à l'anxiété et lui permettra de suivre son cours de la nature.

Vous êtes plus puissant que votre esprit ne le croit!

Activité 9: Conservez votre dossier

Vous devez tenir compte des résultats pour faire des prévisions précises sur l'avenir. Vous pouvez recueillir et évaluer des informations. Au lieu de dépendre des intuitions de votre esprit, vous pouvez déterminer la probabilité que quelque chose vous dérange.

Notez chaque fois que vous avez des pensées négatives, y compris ce que vous pensiez et ce qui s'est passé.

Conservez votre dossier

Passez en revue ce journal après une semaine pour déterminer où en sont les choses.

Date	Votre attitude pessimiste	Votre prévision mentale	Que s'est-il vraiment passé?

Activité 10: Regarder les choses objectivement

Pourquoi ne pas examiner la raison qui cause l'inquiétude de manière critique avant de passer plus de temps à vous en inquiéter? Vous pouvez déterminer si vous avez une menace réelle ou simplement une autre notion en considérant à la fois la preuve que la pensée est exacte ou non.

Voici une réponse « Preuve pour et contre » à la possibilité que recevoir une note B puisse vous empêcher d'être admis dans une université prestigieuse et vous laisser sans abri.

Preuve: Il est exact que vous avez obtenu un B. Les résultats aux tests ont un impact sur les notes globales de la classe.

Preuve contre: Ce test ne représentait que 20% de votre note finale de classe. Bien que vous ayez actuellement une moyenne A dans la classe, ce B n'affectera votre note finale que si vous recevez un B ou moins lors du test à venir.

Bien que les résultats aux tests puissent influencer les notes finales, vous devrez faire de mauvais résultats pour recevoir une note d'échec dans la classe. Vous pouvez entrer dans de nombreuses institutions réputées même si votre note finale est un B.

Assurez-vous de vous en tenir aux faits lorsque vous utilisez cet outil. Il s'agit simplement d'un événement futur potentiel; Ce n'est pas un fait. Parfois, s'en tenir aux faits nécessite de recueillir plus de données.

Pensez à une situation et répétez ce processus et notez vos réponses ci-dessous:

Activité 11: Le ciel bleu

Le corps peut ressentir beaucoup de tension. Il provoque une réaction de combat ou de fuite. Votre cœur bat plus vite, votre estomac cesse de digérer et vos muscles se contractent afin que plus d'énergie puisse être utilisée. Voici ce que vous devez faire.

- Vous devez vous asseoir ou vous allonger sans bouger pour terminer cet exercice.
- Allez dans un endroit privé et éteignez votre téléphone.
- Commencez par prendre des respirations profondes et lentes.
- Répétez dix fois.
- Maintenant, regardez le ciel bleu.
- S'ouvre et dégouline doucement son contenu bleu sur vous.

- Il pourrait être bénéfique de jouer de la musique tout en faisant cette activité.
- Vous devez suivre ces étapes pour observer les bienfaits de cette approche relaxante.

Activité 12: Passez à l'action

Il y a une récompense supplémentaire pour surmonter les obstacles, la mélancolie et l'inquiétude. La clé est de comprendre comment augmenter votre motivation en faisant ce que vous aimez faire. Votre vie bénéficiera considérablement de l'action parce que rien n'existe sans elle.

- Choisissez un nouvel intérêt ou une nouvelle activité à entreprendre.
- Quelque chose que vous avez besoin de plus de motivation pour entreprendre.
- Il peut s'agir d'un exercice comme marcher, faire du vélo, danser ou peindre.
- Peu importe à quel point vous êtes épuisé ou démotivé, faites-le pendant cinq minutes par jour.

Vous avez toute votre vie pour atteindre vos objectifs et voyager vers vos destinations souhaitées. Alors pourquoi attendez-vous encore? Il est temps d'aller de l'avant!

Activité 13: Qui sont ces personnes?

Vous trouverez ci-dessous une sélection de scénarios typiques que de nombreux adolescents souffrant d'anxiété sociale trouvent incroyablement troublants. Est-ce que l'un d'entre eux résonne avec vous?

- Avoir des conversations ou les poursuivre Répondre aux demandes de renseignements en classe Faire une demande de date

- Demander conseil ou aide à un enseignant Participer à des célébrations et à des événements

- Rougir, trembler, transpirer ou afficher d'autres symptômes anxieux Consommer de la nourriture ou écrire en public

- Demander à un ami d'assister à un rassemblement Se produire devant un public

Maintenant, répondez aux questions suivantes:

Qui sont ces gens que vous avez tenus à l'écart? Donnez à chaque personne un score effrayant compris entre 1 et 10, dix étant le plus effrayant.

_____

_____

_____

Qu'allez-vous leur dire?

_____

_____

_____

_____

Activité 14: Fixez-vous un objectif réaliste

Un objectif réaliste est celui que vous pouvez atteindre, compte tenu de vos capacités, de votre calendrier et de votre niveau de motivation. Pourtant, vous vous rapprocherez de l'atteinte de ces objectifs une fois que vous aurez décidé de ce qu'ils sont.

Avez-vous des objectifs réalistes qui méritent d'être combattus? Si c'est le cas, remplissez-en ces escaliers. Reprendre le contrôle de votre vie peut se faire efficacement en faisant face à vos angoisses et en modifiant votre comportement. Mais cela demande du travail.

Activité 15: Chérir le moment présent

L'esprit anxieux et négatif regarde toujours en arrière pour voir si vous avez fait des gaffes. Il garde un œil sur le danger en scrutant l'horizon. Bien sûr, cela provoque de l'anxiété. Nous pouvons nous détacher de tout cela et ressentir un véritable soulagement en nous concentrant sur l'ici et maintenant.

Procédez comme suit:

- Prenez un moment pour apprécier comment le livre se sent entre vos mains. Prenez note de votre disposition des sièges ou des couchages.

- Prenez conscience des sons actuels ou de l'immobilité dans l'espace. Chaque fois que vous vous brossez les dents, prenez une douche ou mangez une bouchée de céréales, vous pouvez vous entraîner à faire attention.

- Essayez de regarder attentivement les gens, les arbres et les bâtiments à proximité tout en marchant le long de la rue.

Vous serez étonné par ce que vous découvrirez. Prenez un moment pour écrire ce que

vous avez ressenti.

_____

_____

_____

_____

_____

CHAPITRE 4

COMPRENDRE VOTRE COLÈRE ET VOTRE COMPORTEMENT AGRESSIF

Tom avait une mauvaise attitude. Il avait l'habitude de s'engager dans des conflits à l'école. Il avait quelques copains qui étaient comme lui. La plupart du temps, ils ne faisaient que causer des problèmes. Tom a souvent eu des problèmes et a fait face à de vives critiques de la part des enseignants et du directeur. Tom avait été contaminé par les graines de l'agression, qui ont grandi avec le temps.

Tom s'est comporté poliment, tranquillement et respectueusement à la maison. Du moins, c'est ainsi que les choses se sont présentées. Il entendait ses parents se disputer tout le temps bruyamment. Son frère aîné a subi beaucoup de violence verbale et physique.

de leur père. Tom avait constamment l'impression d'être agressé physiquement ou verbalement. Tom se fâchait souvent contre son père violent et cruel. Il n'aimait pas son mère pour avoir continué à être là et à endurer les abus. Pour son frère, il était terrifié. Tom se sentait impuissant face à la stricte domination de leur père sur la maison. Tom pouvait laisser sortir une partie de cette rage à l'école, alors il l'a fait.

Avez-vous cette graine de colère?

Vous n'avez pas été élevé pour être en colère. Personne parmi nous ne l'était. L'agression, cependant, est tout autour de nous. La colère peut agir comme une graine qui grandit en nous. Ce qui nous a été imposé une fois peut se développer à l'intérieur vient une partie de qui nous sommes.

Vous êtes-vous déjà demandé pourquoi vous vous en prenez autant? D'où vient cette colère? Pourquoi êtes-vous incapable de vous retenir? Posez-vous certaines de ces questions. La colère est une émotion forte et sophistiquée. Les racines de la rage peuvent être assez profondes et s'étendre de plusieurs façons. Ce chapitre discutera de certains facteurs contribuant à la colère et à l'agressivité tout en vous mettant au défi de rechercher les sources de votre rage.

4.1 La colère: une émotion forte

Les gens ont généralement des problèmes avec vos actions plutôt qu'avec vos sentiments. Parce que tout le monde se concentre sur le fait de vous faire arrêter de faire ce que vous faites - vous disputer, vous battre ou adopter un comportement agressif - de nombreuses techniques de gestion de la colère échouent. Les gens seraient probablement plus compréhensifs s'ils savaient pourquoi vous avez fait quelque chose, mais personne n'a toujours cette information.

Pourquoi des émotions comme le contentement ou la tranquillité semblent-elles plus faibles dans notre corps que la colère et la peur? C'est parce qu'ils déclenchent la réaction de combat ou de fuite, qui est un système d'alarme d'urgence. Notre corps s'efforce immédiatement de se défendre lorsque nous détectons un danger, ce qui nous donne un regain d'énergie. Nous développons une conscience environnementale accrue. Nos processus cérébraux plus sophistiqués s'éteignent lorsque notre corps se prépare à l'action.

Cette réponse est cruciale lorsqu'il existe une menace réelle pour notre survie. Nous devons agir rapidement dans certaines situations. Nous répondons sans considérer pleinement le meilleur plan d'action. Souvent, notre colère est couverte par une émotion appelée peur. Vous pouvez supprimer ou couvrir une variété de soucis avec votre fureur. Même si elles ne menacent pas votre sécurité physique, vos angoisses mentales pourraient entraver votre réaction de combat ou de fuite.

Les menaces réelles empêchent généralement les bagarres d'éclater. Les humains ont tendance à percevoir le danger et les risques partout. Nos émotions peuvent être dominées par la colère et la haine, ce qui alimente un cercle vicieux de fureur difficile à briser. Une prophétie auto-réalisatrice est appelée lorsqu'un modèle nous amène à créer une réalité qui reflète la façon dont nous nous percevons nous-mêmes et les autres. Le monde deviendra violent autour de vous si votre attention est sur la colère.

4.2 Comment fonctionne la colère?

Comprenons comment votre colère fonctionne en utilisant l'histoire de Tom:

La vision négative de soi est le discours intérieur négatif que nous reprenons fréquemment des autres.

Tom croyait que tout le monde le détestait.

Un déclencheur extérieur est tout ce qui se produit et déclenche nos réactions.

Un camarade de classe a involontairement bousculé Tom pendant l'école.

Un déclencheur interne est une forte réponse émotionnelle négative à l'incident. Tom croyait qu'il lui faisait une blague.

En raison d'une explosion de rage, Tom a poussé un camarade de classe au visage et l'a fait tomber dans les casiers.

Les adultes réagiront probablement par le rejet, la déception et la punition.

Les parents de Tom l'ont grondé et l'ont fait suspendre de l'école.

Le rejet, l'anxiété et l'évitement des pairs agissent comme une réponse.

Les pairs de Tom l'évitaient car ils croyaient qu'il était cruel et incontrôlable.

La réalité commence à confirmer la vision négative de soi, créant une prophétie auto-réalisatrice.

Comme preuve que tout le monde le méprisait, Tom avait l'habitude de montrer un comportement agressif.

Conflits de pouvoir

À quelle fréquence avez-vous l'impression que tout le monde cherche à vous avoir? Les conflits de pouvoir sont l'une des principales raisons pour lesquelles les gens se fâchent et sont agressifs et sont également une raison importante pour laquelle les enfants et leurs parents se disputent. Le pouvoir a de nombreux effets sur les questions de gestion de la colère.

Vous pouvez vous sentir impuissant, par exemple, lorsque vous avez peu de contrôle. Étant un adolescent et voulant faire votre propre vie, toutes ces règles et règlements peuvent ressembler à une malédiction.

Un sentiment constant d'impuissance peut encourager la colère.

Une autre illustration de l'abus de pouvoir est l'utilisation de la force pour exercer un contrôle sur les autres. Vous pourriez abuser de l'autorité parce que vous vous sentez impuissant dans un domaine de votre vie. C'est un moyen de vous venger de la personne qui vous a fait vous sentir mal.

Les habitudes de comportement agressif résultent souvent de luttes de pouvoir malsaines. Peut-être que vos parents ou vos amis vous ont appris que mettre les autres en danger vous aidera à obtenir ce que vous voulez. La perspective d'un comportement incontrôlable, comme la violence ou les effondrements, peut vous aider à garder vos parents sous contrôle. Mais est-ce le genre de connexion que vous voulez?

D'autres, y compris des enseignants et des amis, pourraient attendre pour céder. Ils peuvent même vous éviter. L'abus de pouvoir peut vous offrir de l'autorité sur les autres à court terme. Cela finira par vous faire abuser de l'autonomisation. Vous ne vous sentez pas impuissant et vous n'abusez pas de votre influence sur les autres. Au lieu de cela, vous possédez une forte confiance en vous qui vous permet d'atteindre vos objectifs sans nuire aux autres.

4.3 Coin des activités

Activité 16: Identifiez votre schéma de colère

Pensez à une situation où vous étiez en colère. Répondez aux questions ci-dessous.

Quel a été le déclencheur (votre problème)?

_____

_____

_____

Vos pensées:

_____

_____

_____

Vos sentiments:

_____

_____

_____

Votre comportement:

_____

_____

_____

Conséquences:

_____

_____

_____

Activité 17: Une action consciente

Une action consciente

Prenez les mesures suivantes si vous remarquez que vous allez agir de manière agressive. Considérez une circonstance qui vous met en colère, puis remplissez les blancs avec vos réponses.

Pause: Ne le faites pas

_____

_____

Dites-vous: « Réfléchissez »

_____

_____

Passez à l'action: que faire à sa place

_____

_____

Activité 18: Améliorez votre discours intérieur

Améliorez votre discours intérieur

Voici quelques suggestions pour un discours intérieur positif. Ceux que vous choisissez pour contrôler votre rage dépendent entièrement de vous. Que choisiriez-vous parmi eux?

- Je ne leur permettrais pas de me blesser de quelque façon que ce soit.

- Ils n'ont jamais tenu compte de mes recommandations. Ce n'est pas juste, mais ce n'est pas grave s'ils ne me comprennent pas.

- Je sais que je peux résoudre ce problème. Je peux contrôler ma colère.

- J'ai de la chance.

- Je vais me lever de nouveau.

Activité 19: Résolution des conflits

La définition de la résolution de conflits inclut la propriété mutuelle et « nous avons un problème ».

Voici un exemple de ce que cela signifie et de la façon dont nous pouvons résoudre les conflits. Avoir un courant et tourné vers l'avenir: « peut-être la prochaine fois que nous ... »
Le problème semble être: « le problème semble être...

« On dirait que nous sommes d'accord sur le problème », est la question convenue.

Ayez une solution au problème: écoutez (observez, reconnaissez, n'interrompez pas), vérifiez et dites: « laissez-moi voir si je comprends... »

« Je peux imaginer comment vous vous sentiriez comme ça », dites-vous. Réfléchissons à toutes les options qui pourraient être disponibles.

« J'apprécierais si ... » est une présentation positive. Faites un compromis: « on dirait que nous avons accepté d'essayer... »
« Permettez-moi de m'assurer que je comprends les conditions que nous avons convenues », dites-vous encore. « Nous avons fait du bon travail », dites-vous.

Maintenant, c'est votre tour. Pensez à un conflit que vous avez récemment eu avec quelqu'un et parvenez à une résolution.

Définition du conflit

_____

_____

_____

_____

_____

Résolution de problèmes

_____

_____

_____

_____

_____

THÉRAPIE COMPORTEMENTALE DIALECTIQUE HABILETÉS D'ADAPTATION POUR GÉRER LES ÉMOTIONS ET LES COMPORTEMENTS AGRESSIFS

L'amie de Kate l'a invitée chez elle pour une fête d'anniversaire. Kate a observé qu'à l'approche de la célébration, elle avait commencé à s'inquiéter de ce à quoi ressemblerait la fête. Au début, elle se sentait heureuse de penser à être là, mais son esprit a continué à errer jusqu'à la fête précédente à laquelle elle avait assisté, où certains participants l'avaient narguée devant ses amis. Kate a également observé que chaque fois qu'elle se souvenait de ces incidents précédents, elle ressentait la colère, embarras, et honte encore. De plus, elle a commencé à avoir peur d'assister à la fête depuis qu'elle a commencé à craindre que ce soit similaire à la précédente.

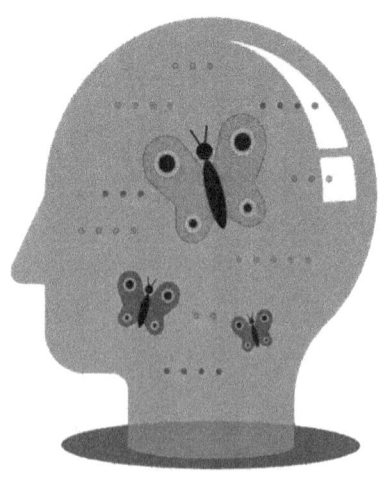

Elle commençait parfois à craindre que quelque chose tourne mal à nouveau et qu'elle ait l'air stupide, mais dès qu'elle prenait conscience de l'anxiété et des pensées qui la causaient, elle accordait toute son attention à ce qui se passait à ce moment-là. Elle a remarqué qu'elle se sentait anxieuse. Son cœur battait la chamade et ses paumes étaient moites. Elle expirait alors profondément et reviendrait à se concentrer sur ce qui se passait.

Au début, Kate a découvert qu'elle devait y mettre beaucoup d'efforts, mais au fur et à mesure que la soirée avançait, elle pouvait passer plus de temps à essayer de se concentrer sur ses pensées errantes et simplement à comprendre ce qui se passait autour d'elle. Elle a utilisé ses compétences en THÉRAPIE COMPORTEMENTALE DIALECTIQUE pour gérer ses pensées errantes.

Vous pouvez également être présent et profiter de votre environnement comme Kate.

5.1 Introduction à la thérapie comportementale dialectique

La thérapie comportementale dialectique est une thérapie fondée sur des preuves créée par Marsha Linehan, de l'Université de Washington, pour aider ceux qui ont lutté contre des idées suicidaires, des sautes émotionnelles intenses, l'impulsivité et le chaos interpersonnel.

L'incapacité de contrôler et de gérer avec succès les émotions en réponse à tout « incident incitatif » imaginé limite la capacité de nombreux adolescents à grandir et à guérir considérablement. Tout stimulus interne ou externe qui provoque une dysrégulation émotionnelle est appelé un « événement incitatif ».

La vie d'un individu devient dénuée de sens et remplie de désespoir en raison de son incapacité à contrôler ses émotions. Cela causera souvent des perturbations et entraînera fréquemment la rupture de relations significatives, qu'elles soient personnelles ou professionnelles. Plusieurs fois, la personne aurait été capable de gérer et de réguler ses émotions avec succès si elle avait été capable d'identifier l'événement incitant et de reconnaître le déclencheur.

L'objectif principal des compétences de THÉRAPIE COMPORTEMENTALE DIALECTIQUE est de vous aider à créer une atmosphère de soutien dans laquelle vous pouvez réguler toute dysrégulation émotionnelle.

Ceux qui luttent pour contrôler leurs émotions, leur stress, leurs relations et leurs comportements impulsifs peuvent bénéficier de la thérapie comportementale dialectique. La thérapie cognitivo-comportementale et les exercices de pleine conscience sont combinés dans la THÉRAPIE COMPORTEMENTALE DIALECTIQUE. Les thérapeutes utilisent une attitude sympathique, vous acceptant tel que vous êtes tout en vous aidant à apporter des changements et à atteindre vos objectifs.

L'objectif fondamental de la thérapie comportementale dialectique est de vous aider à créer une vie intéressante.

Fondation de la THÉRAPIE COMPORTEMENTALE DIALECTIQUE

Le fondement de la THÉRAPIE COMPORTEMENTALE DIALECTIQUE est la notion que les contraires peuvent prospérer ensemble. Cela implique d'accepter les circonstances telles qu'elles sont, de considérer plusieurs points de vue dans toutes les circonstances et de jongler continuellement avec un effort de changement.

Vous pouvez bénéficier des compétences de THÉRAPIE COMPORTEMENTALE DIALECTIQUE en apprenant à:

- Faites face à la détresse.
- Naviguez à travers des situations turbulentes.
- Aider en cas de crise sans aggraver la situation.
- Comprendre et gérer les émotions.
- Demandez ce qu'ils veulent ou dites effectivement non.
- Comment être dans le moment présent.

THÉRAPIE COMPORTEMENTALE DIALECTIQUE Compétences

Voici les compétences de base en THÉRAPIE COMPORTEMENTALE DIALECTIQUE:

Consciencieux

La compétence requise pour la connaissance de la réalité et l'acceptation est la pleine conscience. Il est utile d'être attentif au présent plutôt qu'au passé ou au futur et d'être conscient de ce qui est à l'intérieur et à l'extérieur de vous sans porter de jugement sur ce que vous vivez.

Tolérance à la détresse

La tolérance à distance est la pierre angulaire de la THÉRAPIE COMPORTEMENTALE DIALECTIQUE. Il encourage le développement de l'acceptation des circonstances actuelles et des mécanismes d'adaptation à la crise pour réduire la possibilité d'un comportement agressif, aggravant souvent les choses.

Régulation émotionnelle

Apprendre à reconnaître et à catégoriser ses émotions actuelles, reconnaître les obstacles au changement émotionnel et réduire la réactivité émotionnelle ne sont que quelques-unes des capacités qui peuvent aider à soutenir les changements de comportement. Ces capacités sont destinées à vous rendre moins vulnérable et à vous sentir mieux.

Efficacité interpersonnelle

L'efficacité interpersonnelle est l'ensemble des capacités qui enseigne des méthodes pratiques pour gérer les conflits interpersonnels, dire non et demander ce que l'on veut.

Les histoires de différents esprits

Être émotionnellement instable ou avoir du mal à contrôler vos émotions vous amène à réagir aux choses d'une manière que la plupart des autres ne réagiraient pas. Vous pourriez vous sentir plus fort et prendre plus de temps pour revenir à votre moi habituel. Votre biologie contribue à cette dysrégulation émotionnelle, mais cela ne signifie pas que vous ne pouvez pas la changer.

Je vais vous apprendre trois façons de penser aux choses, quelques méthodes pour ralentir les montagnes russes afin que vous puissiez garder un certain contrôle et certaines décisions de style de vie.

Trois états d'esprit

Nous avons tous trois modes de pensée, ou états d'esprit, différents selon la THÉRAPIE COMPORTEMENTALE DIALECTIQUE:

- L'esprit raisonnable
- L'esprit émotionnel
- L'esprit sage

Vous devez vous entraîner à accéder à ces différents états pour améliorer votre capacité à gérer vos émotions. Bien sûr, les adolescents qui vivent des montagnes russes émotionnelles ont tendance à penser aux choses plus souvent qu'à leur moi émotionnel.

Nous examinerons chaque esprit dans cette section afin que vous puissiez vous entraîner à vous familiariser avec vos états mentaux.

L'esprit raisonnable

Pendant que vous utilisez votre esprit rationnel, vous pensez clairement et logiquement tout en considérant uniquement les faits de l'affaire. Dans cette condition, les émotions sont généralement absentes ou, si elles sont présentes, elles sont légères et n'ont aucune incidence sur votre comportement. Les exemples incluent le choix d'un collège uniquement en fonction des programmes d'études qu'il offre, de la probabilité d'obtenir un emploi après l'obtention de son diplôme et de la réputation de l'école plutôt que de considérer des facteurs tels que la commodité de visiter la maison, si vous avez des amis qui y sont actuellement inscrits et si vous aimez l'apparence et la sensation du campus.

Les exemples quotidiens incluent faire vos devoirs (tant que vous êtes concentré dessus et que vous n'êtes pas en colère contre l'arithmétique au point de jeter votre livre par la fenêtre!) et de suivre les instructions de vos parents pour préparer le souper un soir où ils arriveront tous les deux en retard.

Si vous agissez fréquemment contre vos meilleurs intérêts, vous n'agissez probablement pas d'une manière qui vous sert, ce qui entraîne souvent un malaise émotionnel comme la colère. Nous voulons nous concentrer sur la recherche d'un terrain d'entente entre l'écoute exclusive de votre pensée et uniquement de vos émotions avec cette compétence.

L'esprit émotionnel

Commençons par celui que vous connaissez le mieux, votre moi émotionnel. Vos comportements sont sous le pouvoir de vos émotions. Si vous vous sentez anxieux, vous pouvez également éviter la situation qui vous fait vous sentir de cette façon. Par exemple, vous pourriez sauter des cours aujourd'hui pour éviter d'avoir à faire la présentation que vous étiez censé faire.

Lorsque vous agissez en fonction de vos émotions, vous réagissez plutôt que de décider. Lorsque vous êtes dans cet état d'esprit, vous agissez souvent d'une manière que vous regretterez plus tard, comme craquer sur quelqu'un que vous aimez ou agir imprudemment avec des effets défavorables à long terme.

L'esprit sage

Votre esprit intelligent trouve un équilibre. Cela vous oblige à peser ces deux facteurs – vos émotions et votre raisonnement – au lieu de prendre une décision binaire. Il considère également un troisième élément, c'est-à-dire votre instinct ou votre intuition. Vous vous permettez de vivre vos émotions, et vous considérez ce que la logique vous dit, mais vous faites également attention à cette voix intérieure qui a pesé le pour et le contre de tous les résultats potentiels et vous conseille sur ce qui sera le plus bénéfique à long terme.

À quand remonte la dernière fois que votre esprit sage a essayé d'attirer votre attention?

Bien que vos manières y prêtent attention, elle existe. Ce que votre connaissance intérieure vous conseille de faire n'est pas toujours ce qui est naturel pour vous, c'est ce qui sera finalement le mieux pour vous, les circonstances et les autres.

Trouver un équilibre

Vous ne voulez pas être en vous-même ou seulement être dans votre moi logique. C'est un autre domaine où il est essentiel d'atteindre l'équilibre dans votre vie. Ces deux états mentaux sont bénéfiques et nécessaires à des moments différents. Par exemple, votre moi émotionnel comprend des émotions agréables comme l'amour, la joie et l'excitation, vous voulez donc profiter de ces sentiments puissants. Mais, l'objectif est de vous permettre de prendre de meilleures décisions plus saines en équilibrant vos émotions avec votre pensée et en apportant votre intuition.

5.2 Consciencieux

Puisque la pleine conscience vous permet de prendre conscience de votre vie, c'est la compétence fondamentale de la THÉRAPIE COMPORTEMENTALE DIALECTIQUE. Avant de pouvoir modifier quoi que ce soit, vous devez d'abord prendre conscience de la vérité sur qui vous êtes, comment vous vous comportez avec les autres, comment vos actions affectent les autres et comment vous affectez le monde qui vous entoure. Être présent avec votre

concentration et votre acceptation totales est ce qu'est la pleine conscience.

Il se compose de deux parties: accepter tout ce que vous avez la chance de trouver en cet instant et vous concentrer sur ce que vous faites en ce moment, en cette minute même. Dès que vous commencerez à pratiquer la pleine conscience, vous remarquerez que le monde s'arrête et que vous devenez plus conscient de vos pensées, de vos sensations corporelles et de votre état émotionnel. En outre, vous serez plus intéressé par la vie et conscient de ce qui se passe autour de vous.

Croyez-vous que vous réfléchissez beaucoup au passé? Cela peut être quelque chose qui vous est arrivé ou dans un passé lointain. Peut-être que cela pourrait être quelque chose de plus récent, comme un combat ou un résultat de test. Considérez pendant une seconde les sentiments qui font généralement surface. Colère? Ressentiment? Frustration? Regretter? Tristesse? Votre esprit peut.

De temps en temps, promenez-vous vers des souvenirs positifs, comme le moment agréable ou les vacances d'été que vous avez prises avec votre famille. Cependant, la plupart du temps, nous revisitons des souvenirs tristes plutôt que des souvenirs heureux.

Vous pourriez vous demander si la fille que vous voulez acceptera votre invitation au bal des finissants, si vous aurez l'air stupide si vous assistez à l'énorme fête de ce week-end, et d'autres choses. Est-ce que cela décrit qui vous êtes? Encore une fois, nous éprouvons parfois des sentiments heureux lorsque nous réfléchissons à l'avenir.

Il y a plus de souffrance émotionnelle lorsque vous n'êtes pas présent. Le présent n'est que parfois agréable, bien sûr. Parce que vous ne faites que faire face à elle et non à l'agonie du passé, du présent et du futur simultanément, même s'il y a une douleur dans le présent, il y a encore moins de douleur si vous êtes plus conscient.

L'autre composante de la pleine conscience, l'acceptation, diminue également la souffrance émotionnelle que vous ressentez. Pour cette raison, être plus conscient vous rend plus tolérant, ce qui réduit l'inconfort.

La pleine conscience aide à:

- Susciter des sentiments positifs
- Réduire la souffrance émotionnelle
- Être à l'aise et tranquille
- Améliorer la maîtrise de soi
- Améliorer la mémoire
- Concentration
- Trouver l'équilibre

Comment être conscient en quatre étapes

Simplifions les choses en décomposant la pleine conscience en étapes gérables afin que vous puissiez comprendre comment appliquer la pleine conscience à chaque situation de votre vie.

Choisissez un passe-temps

Choisissez une activité sur laquelle vous concentrer. Gardez à l'esprit que vous pouvez effectuer toute activité attentivement. Lorsque vous promenez votre chien, vous pouvez marcher de manière réfléchie; Si vous allez lire, vous pouvez choisir de lire une page lentement.

Soyez attentif

Concentrez-vous sur ce que vous lisez pendant que vous vous immergez dans le récit. Vous pouvez vous concentrer sur votre environnement, comme un écureuil qui traverse la route ou les arbres, ou vous pouvez faire attention à la sensation physique de marcher, comme la sensation de vos pieds sur le trottoir.

Prenez note

Votre esprit va presque s'égarer parce que notre cerveau produit des centaines de pensées par jour. Reconnaissez et notez ceci.

Ne portez pas de jugement.

Reconcentrez votre attention sur le moment présent sans porter de jugement. Cela implique que vous ne critiquez pas votre errance ou quoi que ce soit d'autre qui entre dans votre conscience, comme une pensée particulière qui vous vient à l'esprit ou quelque chose que vous ressentez avec vos sens. Observez tout ce que vous avez l'occasion de remarquer sans porter de jugement.

Maintenant que vous savez comment la THÉRAPIE COMPORTEMENTALE DIALECTIQUE peut vous aider, passons à la partie amusante et faisons quelques activités pour appliquer ce que vous avez appris.

CHAPITRE 6

ACTIVITÉS DE CAPACITÉ D'ADAPTATION DE LA THÉRAPIE COMPORTEMENTALE DIALECTIQUE

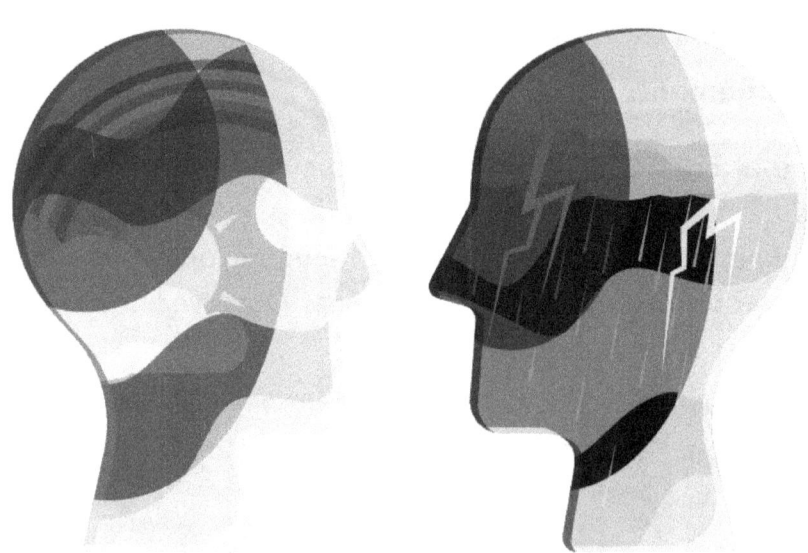

La thérapie comportementale dialectique vous aidera à gérer les émotions et les comportements puissants. Les habiletés d'adaptation, ou les techniques que les adolescents peuvent utiliser pour gérer les émotions et les comportements difficiles, sont des compétences essentielles enseignées dans la THÉRAPIE COMPORTEMENTALE DIALECTIQUE. Ce chapitre accordera une attention particulière aux Mécanismes d'adaptation pour contrôler les émotions, que vous avez appris dans le chapitre précédent, à travers des activités passionnantes. En apprenant et en utilisant ces compétences, vous pouvez réduire votre propension à agir de manière dangereuse ou destructrice.

6.1. Coin des activités

Laissez-nous apprendre et nous amuser.

Activité 20: Identifier les pensées inconscientes

Lisez les histoires énumérées ci-dessous. Soyez conscient que rester dans le passé ou l'avenir n'est pas sain. Il est susceptible de susciter des sentiments plus douloureux.

Dites si les adolescents suivants sont attentifs ou non (c.-à-d. qu'ils ne sont pas axés sur le présent et qu'ils portent peut-être un jugement sur la situation). Choisissez le terme le plus précis.

1. William était très contrarié et en colère. Il était convaincu que son ami Toby discutait de lui avec quelqu'un d'autre. « Je n'arrive pas à croire que Toby ait dit ces choses blessantes », réfléchit William. Cela me vient généralement à l'esprit; Je n'aurai jamais de copains dignes de confiance. »

_____

_____

_____

2. Les amis de Sandy conversaient et s'amusaient lors d'une fête. Sandy préférait regarder la télévision toute seule dans le salon. Elle a déclaré: « Je me sens généralement si mal à l'aise lors d'événements alors que tout le monde semble détendu et à l'aise. Quel est le problème avec moi? Pourquoi ne puis-je pas m'intégrer.

_____

_____

Activité 21: Identifiez votre style de pensée

Pour vous aider à déterminer votre style de pensée, cochez les cases à côté des énoncés qui, selon vous, s'appliquent à vous.

Esprit raisonnable

La compétence requise pour la connaissance de la réalité et l'acceptation est la pleine conscience. Il est utile d'être attentif au présent plutôt qu'au passé ou au futur et d'être conscient de ce qui est à l'intérieur et à l'extérieur de vous sans porter de jugement sur ce que vous vivez.

- Je prends souvent des décisions malgré mes sentiments. Habituellement, j'ai de bonnes motivations derrière ce que je fais.

- Je n'ai souvent aucune idée des émotions que je ressens. Je me sens plus à l'aise de discuter des faits que des émotions.

Esprit émotionnel

- Je cède souvent aux pulsions et je dis ou fais des choses que je regrette.

- Je me retrouve souvent dans des circonstances stressantes, ce qui rend difficile de penser clairement.

- Je base souvent mes choix entièrement sur ce que je ressens.

- Une fois que j'ai décidé, je le remets souvent en question, me demandant si j'ai fait le bon choix.

Esprit sage

- Quand je décide, je pèse souvent le raisonnement et les sentiments.

- Je me sens souvent en paix quand je décide finalement de quoi que ce soit après avoir délibéré pendant un certain temps.

- Je me sens en sécurité en me laissant expérimenter mes sentiments.

- À long terme, je me comporte souvent dans mon meilleur intérêt.

- Vous pouvez ou non tomber principalement dans une catégorie après avoir additionné vos coches pour chacune. Vous devez commencer à augmenter votre conscience.

Quel esprit utilisez-vous?

Activité 22: Jugez-vous?

Nous pouvons porter des jugements positifs ou négatifs. Nous sommes plus préoccupés par les jugements négatifs parce que contrôler vos émotions est plus difficile pour vous, donc nous sommes plus intéressés par ceux-ci. Entraînez-vous à reconnaître quand vous portez un jugement favorable ou défavorable, cependant.

Lisez attentivement les phrases suivantes. Vérifiez la phrase pour indiquer si elle porte un jugement.

- Ma note sur le bulletin scolaire devait être meilleure. Mes parents ont une mauvaise habitude.

- Je suis un échec.

- Quand je laisse ma rage hors de contrôle, je me sens tellement frustré par moi-même.

- Cela m'irrite énormément quand mon frère ne quitte pas l'ordinateur quand j'en ai besoin.

- J'aime ma matière mathématique cette année, mais j'ai encore besoin d'aide.

- Je ne crois pas que la publication d'images sur les médias sociaux soit sécurisée.

Activité 23: Besoin de changements

Pensez aux ajustements que vous voulez faire maintenant. Vous pourriez commencer à mettre en œuvre immédiatement pour vous donner plus de contrôle sur vos sentiments.

La liste des aspects de la vie qui peuvent influencer vos émotions est fournie ci-dessous. Répondez aux questions dans chaque partie pour déterminer s'il s'agit d'un sujet sur lequel vous devriez vous concentrer;

Commencez à mettre ces changements en pratique.

Dormir

Combien d'heures dormez-vous habituellement chaque nuit?

Vous réveillez-vous généralement reposé?

_____

Vous sentez-vous généralement fatigué après une sieste?

_____

Compte tenu de vos réponses, vous vous sentez généralement groggy et lent après avoir dormi; pensez-vous que vous devez allonger ou raccourcir vos cycles de sommeil?

Quel est un petit geste que vous pouvez prendre pour améliorer cela si vous avez décidé qu'il a besoin d'amélioration?

(Par exemple, vous pouvez viser à vous coucher 30 minutes plus tôt ce soir pour améliorer votre sommeil.)

(Commencez par une demi-heure et progressez.)

Manger

Consommez-vous trois repas et quelques collations par jour?

_____

Mangez-vous généralement des repas et des collations sains?

_____

Mangez-vous souvent trop simplement parce que vous en avez envie?

_____

Est-ce par ennui ou par émotion terrible, comme la tristesse?

_____

_____

Sautez-vous souvent des repas pour perdre du poids ou vous sentir mieux dans votre peau?

_____

Les gens éprouvent parfois des problèmes d'alimentation et ont besoin de demander de l'aide. Si vous croyez que vous avez besoin d'amélioration, parlez-en à quelqu'un en qui vous avez confiance.

Quel est un petit pas que vous pouvez faire pour améliorer votre alimentation?

_____

(Par exemple, le sucre coupé et la restauration rapide.)

Activité 24: Placez-vous du côté opposé

Vous pourriez utiliser cette activité pour réfléchir aux cas où vous avez résisté à votre impulsion et aux cas où vous ne pouviez pas le faire. Vous pouvez voir ce qui fonctionne et ce qui ne fonctionne pas en réfléchissant à la fois aux moments où vous avez pu agir habilement et aux moments où vous ne l'avez pas été et à ce que vous pourriez faire la prochaine fois. Veuillez décrire l'humeur que vous ressentiez et le besoin correspondant. Si vous cédez à l'impulsion, utilisez la voie du « non ». Si vous vous abstenez d'agir sur l'envie, le chemin du « oui » devrait être pris.

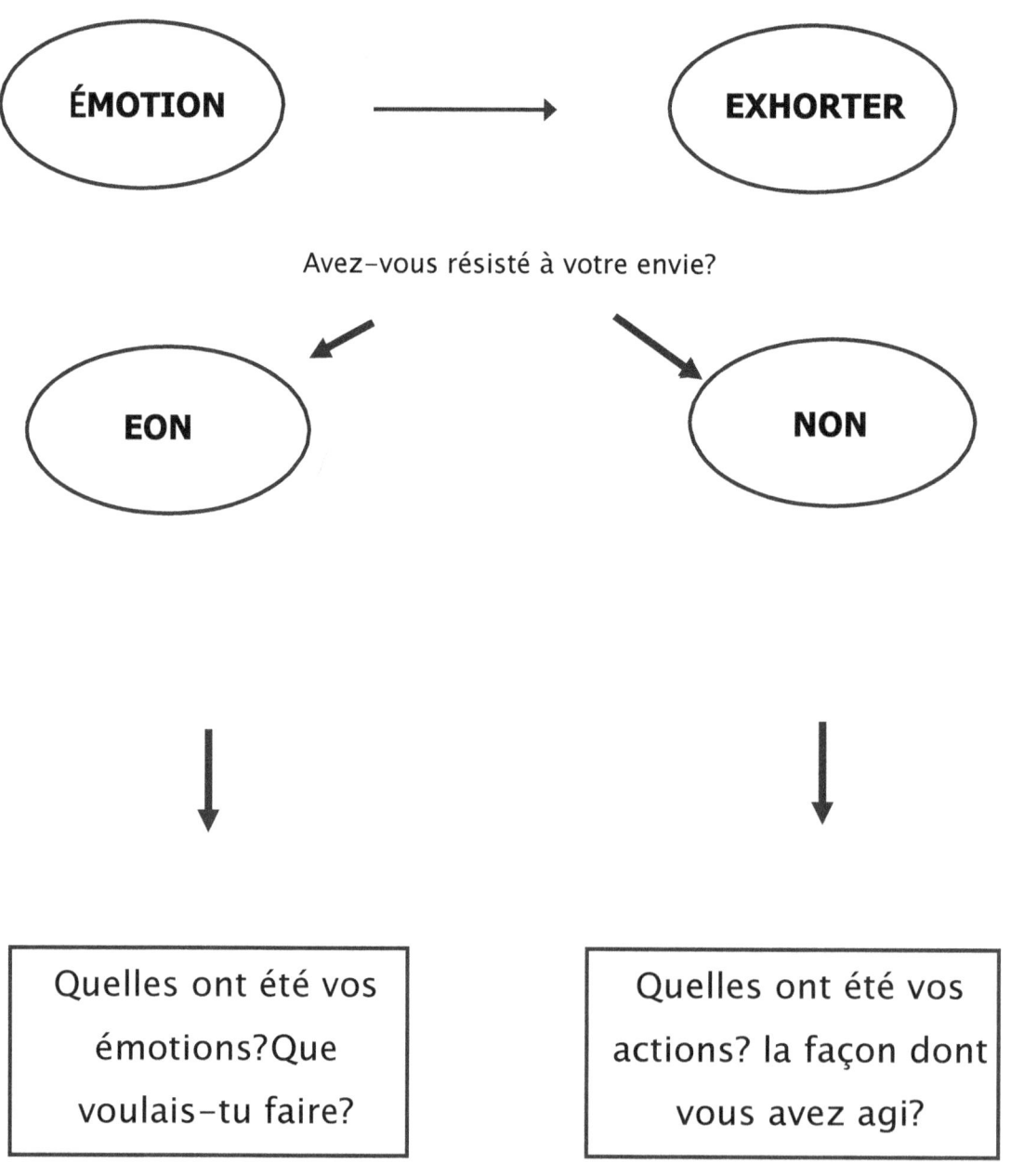

Activité 25: Auto-validation

Vous acquerrez plus d'expérience avec cet exercice pour reconnaître vos émotions et découvrir plusieurs façons d'en parler à vous-même. Voici des exemples d'énoncés: Vous pouvez vous dire certaines choses sans porter de jugement.

C'est acceptable pour moi de ressentir cela. Cette émotion humaine est normale.
Tout le monde en fait parfois l'expérience. Je ressens cela pour une raison.
C'est normal pour moi de ressentir cela.

Essayez de penser à plus de phrases dans le domaine prévu pour vous aider à réfléchir à ces sentiments d'une manière plus raisonnable et sans jugement.

_____

_____

_____

_____

_____

_____

_____

Activité 26: Préparez votre liste d'activités

Il y a des moments dans la vie de tout le monde où leurs émotions deviennent sévères et ils ne savent pas comment les gérer. Lorsque cela se produit, nous voulons souvent faire des choses qui, bien qu'elles puissent nous aider temporairement à gérer nos émotions accablantes, finissent par nous nuire. Vous pouvez apprendre des mécanismes d'adaptation sains de cette activité, ce qui vous permet de traverser une crise. Cochez les activités que vous voulez faire, faites votre propre liste sur un morceau de papier séparé à emporter avec vous et faites-y référence comme un moyen de distraction personnelle en cas de besoin.

Votre liste
- o Griffonnez, peignez ou faites de l'art. Examinez les images.
- o Composez un poème ou un récit. Réfléchissez aux cas où vous avez ressenti de la joie. Dansez ou chantez.
- o Examinez les annuaires précédents. Imaginez votre avenir après l'obtention de votre diplôme. Passez du temps à l'extérieur.
- o Mentionnez les aspects positifs de votre personnalité. Regardez votre émission de télévision ou votre film préféré.
- o Allez quelque part et observez les gens. Envoyez un message à quelqu'un qui vous manque.
- o Jouez de la musique pour vous détendre. Passez du temps avec un ami.
- o Essayez une variété de coiffures.
- o Fermez les yeux et voyagez vers votre endroit préféré dans votre esprit. Journal.
- o Pratiquez un sport que vous aimez.

_____

_____

_____

_____

Activité 27: Écrivez-le

Remplissez cette feuille et prévoyez de suivre en cas de crise.

Mes déclencheurs

_____

_____

_____

Mon signe avant-coureur (lorsque vous perdez le contrôle)

_____

_____

_____

Je peux m'apaiser avec

_____

_____

_____

Mon système de soutien (nommez des personnes en qui vous pouvez avoir confiance en temps de crise)

_____

Activité 28: Soyez productif

Énumérez tous les passe-temps qui, selon vous, vous feront vous sentir bien dans votre peau dans l'encadré suivant. Pour commencer, considérez ceci:

- Aider quelqu'un dans le besoin
- Obtenir une note élevée en mathématiques.
- Balayez l'allée de mon voisin
- Terminer mes responsabilités à temps

Si vous avez du mal à trouver quelque chose qui vous rendra fier ou accompli, essayez de penser positivement à vous-même. Quels conseils donneriez-vous à un ami qui tente de développer des moyens de renforcer son estime de soi? Rappelez-vous que vous pouvez toujours demander de l'aide à une personne fiable.

Activité 29: Respiration en boîte

La respiration en boîte vous aidera à détendre votre système nerveux.

La respiration profonde soutient la capacité du corps à faire une variété de choses, y compris:

- Détendez-vous et régulez le système nerveux.
- Aider le corps à faire face au stress.
- Soulager l'inquiétude

- Obtenez plus d'oxygène dans le corps.

Utilisez une chronologie de 5 secondes de chaque côté de la boîte. Votre corps se sentira calme et confortable après cette activité.

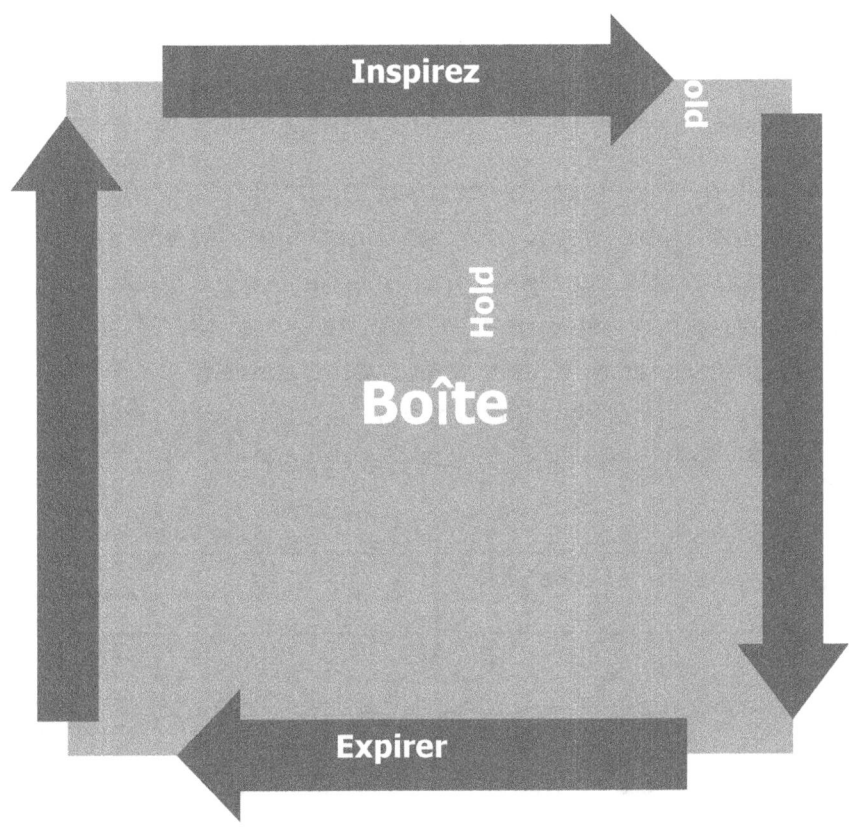

Activité 30: Laissez-les couler

Laissez vos émotions et vos sentiments couler.

Fermez les yeux en position assise ou couchée. Imaginez-vous dans une rivière dans votre tête. Vos genoux sont submergés et un léger courant frôle vos jambes. Vous remarquerez comment vos pensées et vos sentiments flottent lentement près de vous alors que le courant les transporte en aval. Observez-les au fur et à mesure qu'ils passer plutôt que d'essayer de s'y agripper ou de s'y empêtrer.

Revenez à la simple rivière debout si vous devenez préoccupé par un concept ou une émotion au point où vous la chevauchez au lieu de l'observer flotter. Redirigez votre attention vers la pratique et concentrez-vous simplement sur le regard. Autant que vous le pouvez, ne portez pas de jugement sur les idées ou les émotions qui vont et viennent; reconnaître leur existence.

Activité 31: Votre journal positif

La façon dont vous vous sentez influence la façon dont vous percevez le monde. Des sentiments plus heureux vous permettent de reconnaître les aspects importants de votre vie.

Lorsque vous êtes déprimé, vous avez tendance à vous concentrer sur le mauvais. Malgré ce que vous ressentez, le but de cet exercice est d'enlever ces œillères et de mettre plus d'attention sur les bonnes choses de votre vie.

Remplissez la feuille de travail ci-jointe pour les deux prochaines semaines, en notant au moins un développement encourageant chaque jour et vos sentiments et pensées à ce sujet. Il peut s'agir d'une sensation que vous avez, de quelque chose de gentil que quelqu'un fait ou vous dit (ou quelque chose de gentil que vous faites ou dites à quelqu'un d'autre!), un lever de soleil magnifique, une bonne note que vous obtenez à l'école ou un moment calme et relaxant que vous avez assis au soleil. Quoi qu'il en soit, ce qui compte, c'est que vous en soyez conscient au fur et à mesure que cela se produit.

Date	Événements positifs et heureux	Comment te sentais-tu?

Activité 32: Appliquez ce que vous avez appris

Choisissez un scénario susceptible de se produire à l'avenir, comme qu'on vous demande de faire quelque chose que vous ne voulez pas faire ou d'en apprendre davantage sur une fête dont vous devez encore informer vos parents. Mettez-le ici par écrit:

_____

_____

Comment vous affirmeriez-vous dans cette circonstance?

_____

_____

Revenez à ce cahier de travail après avoir eu cette discussion. Vous êtes-vous comporté avec fermeté? Que s'est-il passé en conséquence?

_____

_____

Avez-vous été satisfait des résultats? Y a-t-il eu des mesures que vous auriez pu prendre pour obtenir un meilleur résultat?

_____

_____

_____

AMÉLIORER VOS RELATIONS

Lorsque Rose et Sophia se sont rencontrées pour la première fois, leur amitié s'est renforcée avec le temps. Pourtant, dans les années qui ont suivi, Rose a commencé à observer un changement dans le comportement de son amie. Sophia ne semblait plus se soucier autant de leur amitié qu'autrefois, et

Rose a commencé à ne pas se sentir pertinente pour son amie. Ils s'étaient tous deux fait de nouveaux amis.

Rose resta silencieuse de peur de contrarier Sophia, et sa douleur grandit. Rose a commencé à ressentir du ressentiment à l'égard des efforts qu'elle déployait.

Rose a décidé de soulager Sophia de son engagement un jour parce qu'elle en avait assez de se sentir comme si elle lui devait plus que jamais. Rose informa Sophia que c'était fini entre eux et qu'ils auraient tous les deux besoin de trouver leur chemin. Les deux se sont disputés avec enflamme. Les deux ont dit des choses cruelles et ont été mis dans le difficile situation d'essayer de coexister au milieu de la situation inconfortable et tendue. La relation avait pris fin.

Est-ce que certaines de vos relations se sont déjà terminées de cette façon? Au lieu de prendre des mesures qui pourraient aider à sauver la connexion, les gens laissent souvent les relations se terminer même s'ils ne veulent pas que cela se produise. Rappelez-vous que si vous voulez que vos relations continuent, vous devez en prendre soin. Si vous les ignorez ou laissez vos émotions entraver votre comportement, vous pouvez compter sur la fin de la connexion d'une manière ou d'une autre.

Les relations que vous avez dans votre vie – avec la famille, les amis, les intérêts romantiques, les enseignants ou les entraîneurs, entre autres – auront également un impact sur votre humeur et votre capacité à gérer vos émotions. Survivre a sans aucun doute beaucoup à voir avec l'apprentissage de techniques pour vous aider à le faire.

Votre environnement a un impact significatif sur la façon dont vous vous sentez, à quel point vos relations sont épanouissantes et saines, et comment ils affectent votre humeur et ce que vous ressentez pour vous-même. Par conséquent, dans ce chapitre, nous examinerons plus en détail l'importance des relations. On vous demandera de considérer les liens que vous avez actuellement dans votre vie, leur niveau de satisfaction et leur santé.

7.1 Importance d'établir des relations

Vous devriez avoir beaucoup de relations avec qui vous vous sentez à l'aise de discuter des choses privées de votre vie. Il y a des gens avec qui vous interagissez mais ne discutez pas de questions privées, mais vous aimez passer du temps avec eux.
D'autre part, il y a des gens avec qui vous discutez de vos affaires privées. Il n'y a pas de liste exhaustive; L'objectif est de vous amener à avoir plus de relations.

Pourquoi est-ce crucial?

Si vous n'avez pas beaucoup d'amis, vous devrez compter sur les gens dans votre vie, qui est votre famille. Cette circonstance a le potentiel d'être très douloureuse émotionnellement. Par exemple, comment téléphoner à votre seul ami pour mettre en place des plans, mais elle prétend qu'elle a déjà réservé? Et cela peut être préjudiciable à ceux dont vous êtes devenu dépendant. Si vous dépendez d'une seule personne, vos relations ne seront pas plus saines. Votre ami ne peut pas passer tout son temps avec vous.

Avez-vous déjà observé des moments où certaines personnes commencent à agir différemment? C'est généralement un indice pour faire une pause.

Que faites-vous lorsqu'une personne prend des vacances en famille? Ou tombe malade? Vers qui vous tournerez-vous si quelqu'un n'est pas disponible?

Comprenez-moi s'il vous plaît: je ne dis pas que vous ne pouvez pas être indépendant et que vous avez besoin d'autres personnes pour vous soutenir à travers toutes les difficultés. Mais pour nous en tant qu'êtres humains, les relations avec les autres sont cruciales.

Être seul a des effets néfastes non seulement sur notre corps, mais aussi sur notre bien-être émotionnel.

- Avez-vous un nombre suffisant d'amis et de famille?
- Possédez-vous des gens avec qui vous pouvez socialiser et vous amuser?
- Avez-vous des relations qui vous soutiendront et sur qui vous pouvez compter?
- Connaissez-vous quelqu'un avec qui vous pouvez parler, même si vous ne leur divulguez pas vos affaires les plus privées?

Pensez à partir de votre sage moi, et parlez honnêtement de cela. Nous en discuterons si vous ne l'avez pas dans votre vie.

Mais pour l'instant, commençons par ce que vous avez déjà.

Réfléchissez à la façon de maintenir les relations qui sont déjà présentes dans votre vie. Le maintien de vos relations est crucial si vous voulez éviter une rupture. Considérez une relation comme vous le feriez avec une voiture. Vous devez vous occuper des problèmes importants, tels qu'un cliquetis du moteur lorsqu'ils se produisent, mais l'entretien de votre véhicule, comme le changement d'huile et la rotation des pneus, peut souvent empêcher ces problèmes plus importants de se développer. Plus vous manipulez avec tendresse, plus vous entretenez vos relations fréquemment.

7.2 Coin des activités

Apprenons quelques techniques pour améliorer vos relations en faisant des activités amusantes.

Activité 33: Entrer en contact avec des relations passées

Considérez d'abord les relations que vous aviez autrefois avec des personnes qui ne sont plus des amis proches de vous pour une raison quelconque. Écrivez leurs noms:

_____

_____

Planifiez la façon dont vous contacteriez cette personne si vous en aviez besoin. Notez quelques idées sur la façon de les contacter:

_____

_____

Réfléchissez à ce que vous diriez si vous entriez en contact avec cette personne. Avez-vous besoin de remettre les pendules à l'heure sur quelque chose qui s'est passé entre vous, par exemple? Réfléchissez à ce que vous diriez et écrivez-le:

_____

_____

Rappelez-vous que, surtout au début, la relation ne sera probablement plus la même qu'avant; Les amitiés ont besoin de temps pour grandir, alors soyez patient.

Activité 34: *Rencontrer de nouvelles personnes*

Pouvez-vous trouver plusieurs façons de rencontrer de nouvelles personnes? Ajoutez vos réflexions à ces exemples:

Rejoignez un nouveau club dans votre école. Inscrivez-vous à des cours de langues étrangères.

Devenez actif au sein d'une organisation jeunesse locale. Faites du bénévolat dans un refuge pour animaux ou une banque alimentaire.

Inscrivez-vous à un sport scolaire.

_____

_____

_____

_____

_____

Sortir vers les gens peut être incroyablement effrayant pour beaucoup d'entre nous. Pourtant, rappelez-vous que les relations sont un aspect vital de la vie. Si faire cela seul vous rend anxieux, pensez à le faire avec un ami. Vous pouvez avoir un ami qui traverse quelque chose de similaire, et vous pouvez vous concentrer sur l'amélioration de vos relations.

Penser à l'époque où vous aviez plus de relations - quelqu'un que vous pouviez appeler pour parler de problèmes, des personnes que vous pouviez contacter pour passer du temps - peut également être bénéfique.

Vous souvenez-vous encore de ce que vous avez ressenti en étant aimé, accepté par les autres et accueilli? Les gens sont des créatures sociales, et nous avons besoin de relations tout au long de notre vie. Par conséquent, vous devez trouver des moyens de répondre à cette demande.

Styles de communication

Nous avons tous un style de communication particulier. Il est donc essentiel de reconnaître votre style de communication. Tout d'abord, vous devez connaître ces types et identifier votre style. Ce n 'est qu'alors que nous pourrons le changer?

Mettez des chèques à côté des questions appropriées lorsque vous considérez chacune pour vous exprimer le mieux. Une fois que vous avez terminé, additionnez le nombre de coches pour déterminer les formes de communication que vous utilisez le plus fréquemment dans chaque segment.

passif Communication

• J'essaie de repousser les gens au lieu de leur exprimer mes émotions. J'ai peur que si je parle, les gens seront en colère contre moi.

• Je me surprends souvent à dire: « Je m'en fiche » ou « Cela n'a pas d'importance pour moi ».

• J'essaie de garder le silence afin « d'éviter de faire tanguer le bateau ».

• Je partage souvent leurs opinions, mais j'essaie de n'insulter personne.

Votre score:

Communication agressive

• Je suis préoccupé par le fait d'arriver à mes fins, peu importe l'impact que cela a sur les autres.

• Je crie, jure ou utilise fréquemment d'autres expressions verbales dures. Mes amis ont assez peur de moi.

• Certains ont dit que j'avais une mentalité de « je vais le faire à ma façon ».

Votre score:

Communication passif-agressif

• J'utilise souvent un langage caustique lorsque je converse avec d'autres personnes. Je traite souvent les gens en silence quand je suis en colère contre eux.

- Il est assez habituel pour moi de dire une chose tout en en pensant vraiment une autre.

- Je me tourne généralement vers des actions violentes, comme claquer des portes, plutôt que d'utiliser des mots pour exprimer mes émotions.

- J'essaie de communiquer mes idées plus discrètement.

- Les gens se fâcheront contre moi ou cesseront de m'aimer si je m'exprime.

Votre score:

Assertive Communication

- Je crois absolument que j'ai le droit d'exprimer mes opinions. J'ai la capacité d'exprimer mon désaccord avec quelqu'un.

- Je suis capable de m'exprimer ouvertement et honnêtement. Je traite les gens avec respect quand je leur parle.

- J'écoute attentivement ce que les autres ont à dire. J'essaie de comprendre leur point de vue.

- Si nos objectifs sont contradictoires, je m'efforce de trouver un compromis.

Votre score:

Il est essentiel de reconnaître votre style afin de pouvoir l'améliorer.

Veuillez lire les conseils suivants pour réussir à avoir un style affirmé; Cela vaut votre temps.

Voici quelques stratégies précises pour vous aider à communiquer vos préoccupations. Préparez des notes sur votre performance avec chaque stratégie dans le domaine fourni:

Soyez précis sur vos objectifs. Communiquez-vous ouvertement et honnêtement?

_____

_____

Faites attention en écoutant. Ignorez-vous tout le reste et vous concentrez-vous uniquement sur les personnes avec lesquelles vous conversez?

_____

_____

Soyez sans parti pris. Essayez-vous d'éviter de porter un jugement, de blâmer et de garder vos opinions et vos faits pour vous?

_____

_____

Affirmez les autres. Poposez-vous des questions en réponse à ce que quelqu'un dit?

_____

_____

_____

Suivez votre morale et vos valeurs lorsque vous agissez. Essayez-vous d'agir honnêtement?

_____

_____

_____

Ne vous excusez pas trop. Vous surprenez-vous souvent à vous excuser pour quelque chose?

_____

_____

_____

_____

_____

_____

_____

7.3 Conception d'un plan

Vous développerez progressivement des compétences de gestion émotionnelle plus saines. Dans cette dernière section, je vais vous donner quelques suggestions sur la façon d'aller de l'avant. Vous devez terminer le travail que vous avez commencé à apporter ces améliorations bénéfiques.

Passez d'abord un peu de temps à réfléchir à ce que vous pourriez changer pour en bénéficier. Par exemple, vous devrez peut-être relire ce livre lentement et perfectionner vos capacités à chaque fois que vous avancez. Parfois, les lecteurs parcourent rapidement des informations spécifiques sans déployer le maximum d'efforts possibles. Le résultat est qu'ils doivent absorber correctement l'information pour donner leur vie avec la connaissance.

Lire ce livre trop tôt peut aussi conduire à l'expérience d'apprendre tellement que vous commencez à vous sentir dépassé. Alors, allez-y étape par étape. Prenez votre temps, même si cela signifie vous concentrer sur une compétence pendant quelques mois.

Vous devez agir pour comprendre le sujet et produire des décisions bénéfiques et saines.

Écrire un plan peut aider à cela, comme il peut le faire avec la plupart des choses dans la vie. Vous pouvez écrire quelques réflexions à ce sujet sur une feuille blanche.

Avez-vous récemment commencé une pratique de pleine conscience, par exemple?

Avez-vous été plus conscient du moment où vos émotions ou votre sagesse vous gouvernent vous-même?

Avez-vous essayé de parler plus efficacement avec les autres pour renforcer vos liens avec eux?

Qu'est-ce qui vous empêche de terminer la tâche? Savez-vous si ces compétences seront bénéfiques?

Rappelez-vous que si de telles idées vous empêchent d'avancer. Vous devez changer votre approche. Essayez de trouver un moyen de le dépasser. Demandez de l'aide à vos amis et à votre famille si vous ne pouvez pas le faire seul. Prenez le temps de lire les chapitres de ce livre. Concentrez-vous sur l'amélioration des activités auto-apaisantes.

Essayez de trouver une compétence qui sera difficile pour vous. Considérez ceci comme l'endroit où vous devriez commencer.

Soutenez-vous!

Rappelez-vous que les pensées et les mots que vous choisissez pour décrire vos émotions et vos actions ont un impact énorme. Faites attention à la façon dont vous parlez des efforts que vous tentez. Lorsque vous ne parvenez pas à atteindre un objectif, encouragez-vous. Peut-être même qu'une compilation de discours personnels motivants que vous pourriez lire à haute voix pendant que vous traversez une période difficile fonctionnerait, par exemple, « C'est terrible, mais si je continue, je vais réussir. »

Demander de l'aide

Demander de l'aide n'indique pas une faiblesse; au contraire, il faut du courage. Soyez heureux d'essayer de vous aider vous-même en pensant à eux. Améliorez votre contrôle émotionnel. Les activités proposées dans ce chapitre profiteront à ceux qui s'en soucient bien.

Néanmoins, rappelez-vous que si vous demandez de l'aide, vous devez être prêt à accepter l'aide fournie, alors essayez de ne pas en vouloir à votre famille ou à vos amis et agissez à partir de votre connaissance de soi.

Dernières réflexions

Lorsque vous avez du mal à contrôler vos émotions, vous découvrez que la vie semble souvent écrasante. Votre estime de soi et vos relations en souffrent. Il peut être difficile d'atteindre des objectifs, de bien réussir à l'école et de penser clairement. Les connaissances que vous avez acquises grâce à ce livre vous aideront à réguler vos émotions.

Vous avez remarqué des réalisations spécifiques si vous les avez mises en œuvre avec diligence, bien qu'elles ne puissent être que mineures. Pourtant, il sera plus avantageux si vous continuez à utiliser ces capacités au fil du temps.

Vous remarquerez des changements.

Bien sûr, c'est un défi, et vous devez adopter pleinement la nouvelle perspective. La simple lecture de ce livre ne vous aidera pas à apporter des changements; Vous devez utiliser les techniques et faire des efforts pour changer votre façon de vivre. La persévérance dans le développement des capacités est la clé.

Il faut du temps pour ajuster la façon dont vous gérez (ou ne gérez pas!) vos émotions. Vous devez vous rappeler que vous avez été piégé dans cette habitude toute votre vie. Il vous sera possible d'attendre pour apporter ces modifications.

Vous devriez éventuellement voir un changement favorable si vous travaillez dur pour développer ces compétences. Tout le monde vit les changements différemment, et tout le monde est différent. Si vous faites l' effort, vous pouvez faire une version plus heureuse et plus saine de vous-même. J'espère que votre aventure sera couronnée de succès.